Lernkrimi Portugiesisch

Morte no Tejo

Glória Soares de Oliveira Frank
Maria José Aureliano Vilas Boas

Baierbrunner Straße 27, 81379 München
Ausgabe 2024
6. Auflage

Redaktion: Isabella Bergmann
Fachkorrektur: Mafalda Gonçalves
Produktion: Ute Hausleiter
Titelillustration: Karl Knospe
Lernkrimi-Logo: Carsten Abelbeck
Gestaltung: EKH Werbeagentur GbR, textum GmbH
Umschlaggestaltung: red.sign GbR, Stuttgart

ISBN 978-3-8174-2176-3
381742176/6

Besuchen Sie uns auf Instagram und Facebook: circonverlag

www.circonverlag.de

Vorwort

Liebe Leserin, lieber Leser,

sicher zum Lernerfolg – mit Spaß und Spannung! Die Compact Lernkrimis mit ihrer Kombination aus Lektüre und didaktischem Übungsanteil eignen sich hervorragend, um breite Sprachkompetenzen in der Fremdsprache zu erwerben. Der Lerner wird dabei durch die spannende Handlung, das angemessene Sprachniveau und den stetig ansteigenden Schwierigkeitsgrad der Übungen gefördert und motiviert.
Entwickelt nach neuesten Erkenntnissen der Fremdsprachendidaktik, sind Compact Lernkrimis das ideale Medium für einen Lernerfolg im Selbststudium. Durch die kleinen Texteinheiten und den hohen Übungsanteil sind sie aber auch als Unterrichtslektüre bestens geeignet.

So lernen Sie mit Compact Lernkrimis:

- **Mit Begeisterung lernen:** Die packende Krimihandlung motiviert Sie beim Lesen des portugiesischen Originaltextes.
- **Wissen intensivieren und erweitern:** Durch die Kombination aus didaktisch aufbereiteter Lektüre und textbezogenen Übungen testen und trainieren Sie Ihre Sprachkenntnisse effektiv. Vokabelangaben auf jeder Seite unterstützen Sie beim Lesen.
- **Systematisch lernen:** Knüpfen Sie an Ihr individuelles Sprachniveau an und setzen Sie eigene Lernziele – linear im Schwierigkeitsgrad ansteigend oder mit punktuellen Schwerpunkten von Grundwortschatz bis Hörverstehen.
- **Unabhängig sein:** Lernen Sie ganz individuell – wo und wann Sie wollen.

Viel Spaß beim Erlernen der portugiesischen Sprache
wünscht Ihnen

Prof. Dr. Christiane Neveling
Didaktik der romanischen Sprachen, Universität Leipzig

Inhalt

Surpresa na gruta

Glória Soares de Oliveira Frank

1 Encontro macabro

Aproxima-se o outono. O sol ainda é forte, o mar está calmo, mas há pouca gente de férias no Algarve. José Carlos, um algarvio de 21 anos, moreno, de cabelos e olhos escuros, é vendedor de bolos na praia. Nesta época do ano tem poucos clientes. Depois do trabalho, sempre que pode, vai dar uma volta no seu pequeno barco a motor. O Marujo, um bonito cão de água português[i], acompanha-o sempre. A paixão de ambos é o mar. Ao fim da tarde, partem de Lagos. Vão em direção à Ponta da Piedade. Feliz, José Carlos exclama:

encontro *m*	Begegnung, Treffen
aproximar-se	sich nähern
bolo *m*	Kuchen
dar *irr* uma volta	eine Runde drehen
paixão *f*	Leidenschaft
exclamar	ausrufen
gruta *f*	Grotte
maré *f* (~ baixa)	Gezeiten (Ebbe)
onda *f*	Welle

– Que belo dia para uma viagem às grutas, Marujo!

Contente, o cão parece concordar.

> i: Der Portugiesische Wasserhund ist mittelgroß und hat gekräuseltes schwarzes Fell. Früher war er ein Fischerhund, heute ist er ein treuer Haushund, der seiner Intelligenz wegen auch als Rettungs- und Therapiehund eingesetzt wird.

Na realidade, a maré está baixa e não há ondas. Eles passam por várias grutas. Elas são grandes, lindíssimas.

De repente, José Carlos tem de baixar a cabeça para entrar numa gruta pequenina. O Marujo **acha graça**. Ambos **se divertem**, numa paisagem encantadora. A água **brilha** como cristais em tons de azul e verde, as formas dos **rochedos** são maravilhosas.

De súbito, o Marujo levanta-se, inquieto. José Carlos afirma:

– São as **gaivotas**, Marujo!

O cão **ladra**. José Carlos está curioso e aproxima-se mais das **rochas**. **Desliga** o motor e diz, admirado:

– Não é possível! Olha, **está** ali um rapaz **deitado**. Mas que local tão estranho para dormir. Ele não pode ficar aqui de noite.

José Carlos sai do barco e pergunta.

– Precisa de ajuda?

Ninguém responde. O Marujo **rosna**.

O jovem, entre os 16 e os 18 anos, louro, de pele clara e muito alto, **de certeza** que não é do Algarve. Pode ser turista. E quem sabe se ele fala português? José Carlos toca na mão do rapaz e grita **assustado**:

– Ele não **se mexe**, está morto! Marujo, vamos embora, temos de ir **imediatamente** à polícia.

achar graça	lustig finden
divertir-se	Spaß haben
brilhar	glitzern
rochedo *m*	Felsen
de súbito	plötzlich
gaivota *f*	Möwe
ladrar	bellen
rocha *f*	Fels
desligar	ausmachen, abstellen
estar *irr* deitado	liegen
rosnar	knurren
de certeza	sicher, sicherlich
assustado	erschrocken
mexer-se	sich bewegen
imediatamente	sofort

Exercício 1: Verbos. In welcher Person sind diese Verben geschrieben?

1. é ______*ele/ela/você*______
2. partem ____________________
3. levanta-se ____________________
4. são ____________________
5. diz ____________________
6. estou ____________________

Em pânico, entra no barco. Com muita dificuldade, saem da gruta. O cão também está excitado. De volta a Lagos, José Carlos faz perguntas e mais perguntas:

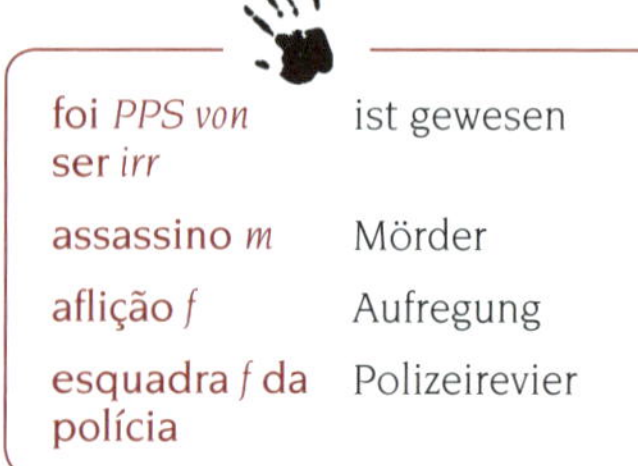

foi *PPS von* ser *irr*	ist gewesen
assassino *m*	Mörder
aflição *f*	Aufregung
esquadra *f* da polícia	Polizeirevier

– Quem é o rapaz? Tão jovem e sozinho... Meu Deus, quem sabe se ele se suicidou? Ou então foi um crime! E onde está agora o assassino? Ou os assassinos?! Que horror!

De orelhas levantadas, o Marujo escuta atentamente. Nesta aflição chegam, por fim, a Lagos. Rapidamente, saltam os dois do barco. A esta hora a praia está deserta. Nervosos, correm para a esquadra da polícia. Felizmente, é perto!

A toda a pressa, José Carlos e o Marujo atravessam a avenida marginal. A esquadra da polícia fica logo na esquina. Entram.

– Olá, José Carlos!

Toda a gente conhece a família de José Carlos. Os seus pais trabalham na padaria e a sua irmã mais velha é professora primária. Quase sem forças para falar, ele responde:

a toda a pressa	schnellstens, in aller Eile
logo	gleich
toda a gente	jeder
mais velho	älter
sem forças	kraftlos
acontecer	geschehen, passieren
tocar	berühren

– Boa tarde, senhor Pereira.

– Então, o que se passa? Aconteceu alguma coisa? – pergunta o polícia, admirado.

– Um morto! Está um morto na gruta – grita José Carlos.

– Está o quê? Um morto? Na gruta? Qual gruta? O que estás a dizer? Não compreendo nada! Com calma, por favor.

José Carlos respira fundo.

– Bom, eu fui com o Marujo até à "Gruta Verde"[i]. Lá dentro está um rapaz deitado, entre os 16 e os 18 anos. Ele é louro, muito alto, talvez estrangeiro, não sei. Está morto!

– Morto? Tens a certeza?

– Absoluta! Eu toquei na mão dele. Ele não reagiu.

Zwei Kilometer südwestlich von Lagos, an der Küste der Algarve, befindet sich **Ponta da Piedade**, die Spitze einer steilen Landzunge. Sie ist Teil einer bis zu 20 Meter hohen Felsklippenlandschaft mit Stränden, Buchten und Grotten von atemberaubender Schönheit. Die Fischer verleihen den Felsformationen und den Grotten Namen wie **a catedral, o elefante** oder **a gruta verde.**

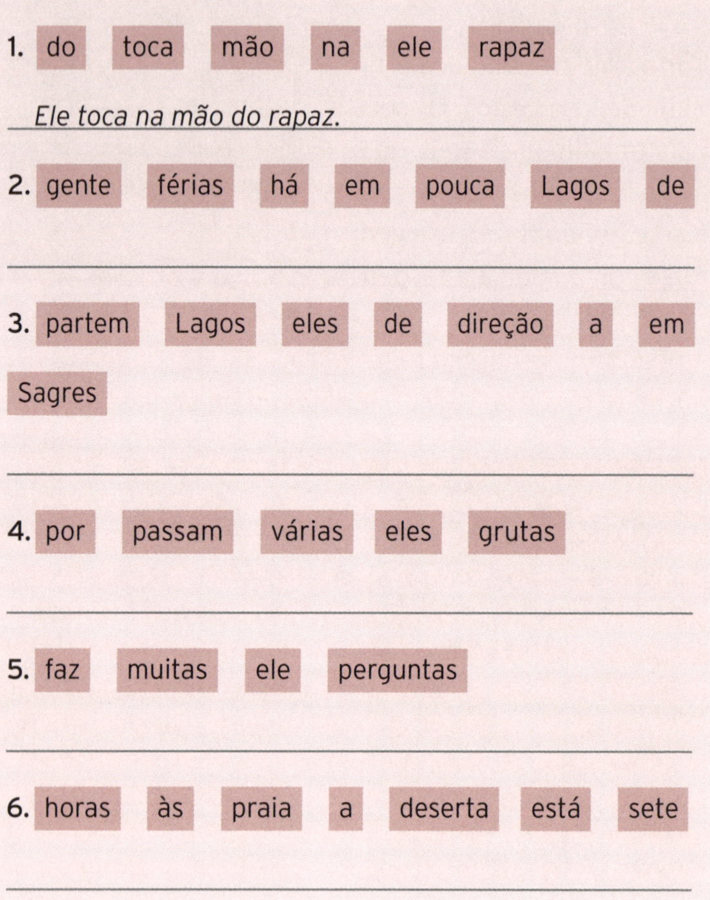

Exercício 2: Sintaxe. Bringen Sie die Wörter in die richtige Reihenfolge!

1. do | toca | mão | na | ele | rapaz

   Ele toca na mão do rapaz.

2. gente | férias | há | em | pouca | Lagos | de

   ____

3. partem | Lagos | eles | de | direção | a | em | Sagres

   ____

4. por | passam | várias | eles | grutas

   ____

5. faz | muitas | ele | perguntas

   ____

6. horas | às | praia | a | deserta | está | sete

   ____

O polícia chama a colega:

– Catarina, contacte já o ISN. E o médico!

Poucos minutos mais tarde, a agente da polícia informa:

– Barco e ambulância, com o médico das urgências vão a caminho. Encontro na marina em cinco minutos, aproximadamente.

ISN *m* (Instituto de Socorros a Náufragos)	Seenotrettung
ir *irr* a caminho	auf dem Weg sein
encontro *m*	*hier:* Treffpunkt
areia *f*	Sand
observar	beobachten
salva-vidas *m/f*	Rettungshelfer
escurecer	dunkel werden
ter *irr* de	müssen
apressar-se	sich beeilen
tensão *f*	Anspannung

José Carlos, agora mais calmo, despede-se dos polícias:

– Obrigado, dona Catarina. Eu vou já para a praia, senhor Pereira.

– Sim, também vais no barco. Até já.

José Carlos volta à praia com o Marujo. Senta-se na areia. O Marujo senta-se a seu lado. O cão observa tudo com muita atenção. Neste momento, aproxima-se o barco. Logo a seguir chega também a doutora Joana, a médica de serviço.

– Boa tarde! Direção "Gruta Verde", certo? – pergunta um dos dois salva-vidas do barco.

– Sim – responde José Carlos. Agora a maré já está mais alta. Começa a escurecer. Têm de se apressar! Felizmente o barco é muito rápido. Em pouco tempo chegam à gruta. Entram com dificuldade. Dentro da gruta está bastante escuro. A tensão[i] é grande. Acendem as lâmpadas elétricas. A médica dirige-se ao rapaz e sente o pulso. Silêncio.

> Männlich oder weiblich? Meistens lässt sich das leicht bestimmen: Endet ein Substantiv auf **-o**, ist es maskulin: **o barco, o bolo.** Substantive auf **-a** sind feminin: **a praia, a médica.** Aber aufgepasst: Substantive mit der Endung **-ção/-são** sind feminin: **a ação, a direção, a tensão.**

– **Está vivo**!
– A sério? Graças a Deus! – exclama José Carlos.
– Ele **está ferido** na cabeça e no **ombro** – diz a médica.
Ela fala com ele:
– Você compreende-me?
Depois repete em inglês:
– Do you understand me?
O rapaz não responde.
– Temos de o transportar **com cuidado** para o hospital – responde a doutora Joana.

estar *irr* vivo	leben, am Leben sein
estar *irr* ferido	verletzt sein
ombro *m*	Schulter
com cuidado	vorsichtig

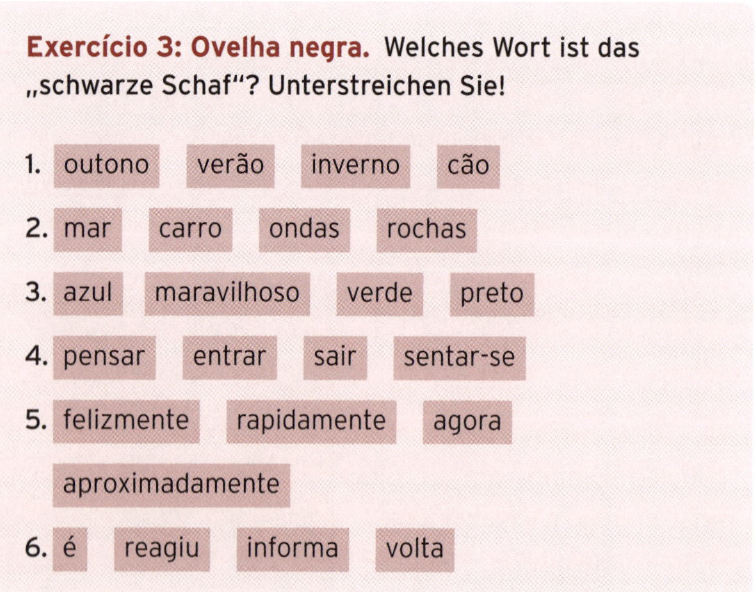

Exercício 3: Ovelha negra. Welches Wort ist das „schwarze Schaf"? Unterstreichen Sie!

1. outono verão inverno cão
2. mar carro ondas rochas
3. azul maravilhoso verde preto
4. pensar entrar sair sentar-se
5. felizmente rapidamente agora aproximadamente
6. é reagiu informa volta

Na Quinta do Olival

A poucos quilómetros de Lagos o ambiente é completamente diferente. Está-se no campo, numa quinta. **À entrada** lê-se: "Quinta do Olival". Ao fundo fica uma casa antiga, bonita. No caminho do **portão** até à casa há grandes palmeiras. O jardim está **bem cuidado**. Tem muitas árvores, muitos **arbustos**. As buganvílias (i) são magníficas. Atrás da casa fica a piscina. Está tudo iluminado, lindo!

> Bougainvillea ist ein Kletterstrauch, meistens mit rosavioletten Blütenständen. Diese prachtvolle Pflanze gedeiht in ganz Portugal und prägt das Bild von der Algarve.

Na varanda está um senhor bem vestido. Ao seu lado está deitado um labrador de pelo castanho. Aproxima-se uma **empregada doméstica**.

quinta *f*	Landgut
à entrada	am Eingang
portão *m*	Tor
bem cuidado	gut gepflegt
arbusto *m*	Strauch
empregada *f* doméstica	Hausangestellte

– Posso servir o jantar, senhor Pinto?

– Pode, Isabel. Aqui na varanda, por favor.

– O Miguel não janta?

– Não, ele não está. E eu já estou preocupado. Ele não atende o telemóvel.

– O senhor[i] sabe onde ele está?
– Não! Ele só pensa em festas. Sabe Deus onde ele está agora.
– O senhor sabe como são os jovens. São todos assim. E o Miguel é um rapaz muito bonito. Claro que também tem amigas, talvez até uma namorada[i]. Pode estar em casa dela.

> Das förmliche **o senhor** für einen Mann bzw. **a senhora** für eine Frau zeigt Respekt gegenüber hierarchisch höher gestellten oder älteren Personen. Es wird die 3. Person Singular verwendet.

> Als **namorado/namorada** wird im Portugiesischen der feste Freund/die feste Freundin bezeichnet. Unter **amigo/amiga** versteht man den Freund/Kumpel/die gute Freundin.

– E porque não atende o telemóvel?
– O senhor tem razão, mas ele já tem 18 anos, não é uma criança – acrescenta Isabel.
– Mas comporta-se como um menino pequenino. E é muito ingénuo. Só tem raparigas na cabeça! É ou não é?! – diz o senhor Pinto, um pouco exaltado.
– Sim, mas o senhor vai ver[i], amanhã de manhã ele vai chegar. Não é a primeira vez que ele faz isto – diz a empregada com calma.

> Wenn in der Zukunft eine Handlung sicher stattfinden wird, wird das Futur durch das Präsens vom Hilfsverb **ir + Infinitiv** des Hauptverbs ausgedrückt:
> **O senhor vai ver. Ele vai chegar.**

– Pois, precisamente! Esse é o problema. Ele faz o que quer. Ele tem 18 anos, é verdade... Mas quem é responsável por ele? Desde a morte do meu irmão e da minha cunhada, eu sou responsável por ele. Eu e a minha esposa! Nós somos a sua família! Para nós, o Miguel é como um filho!

– Os senhores são como pais do Miguel, sem dúvida. E ele também gosta muito dos senhores. A propósito, não quer falar com a senhora dona Laura? – pergunta Isabel.

assim	so
até	*hier*: sogar
ter *irr* razão	recht haben
acrescentar	hinzufügen
ingénuo	naiv
exaltado	aufgeregt
responsável por	verantwortlich für
cunhado/a *m/f*	Schwager/ Schwägerin
sem dúvida	zweifellos
ϟ malandro *m*	Schlawiner
herdar	erben
vinha *f*	Weinberg

– Não, eu prefiro não telefonar à minha esposa. Não a quero preocupar. Ela volta do Porto depois de amanhã. Ela tem muito trabalho! Bom, pode servir a sopa, Isabel. Só como sopa. Não tenho apetite – diz o senhor Pinto.

Ele senta-se à mesa, o seu cão Fiel levanta-se. Parece inquieto.

– Falta o Miguel, não é, Fiel? O malandro não telefona. E tu também estás preocupado, pois é!

O senhor Pinto é o tio do Miguel. Tem quase sessenta anos. É um homem muito rico. Ele herdou a quinta da família. No Algarve ele produz azeite. Também tem uma quinta no Douro (i). Lá tem várias vinhas. Neste momento

> Der Fluss **Douro** mündet in Porto in den Atlantik. Das wunderschöne Douro-Tal ist Unesco Weltkulturerbe und die Wiege des Portweins. Im 18. Jahrhundert entstand hier auf Veranlassung des legendären **Marquês de Pombal** die weltweit erste abgegrenzte Weinanbauregion mit gesetzlichen Qualitätsnormen.

a sua esposa, a dona Laura, está no Porto. Ela vai lá muitas vezes. O senhor Pinto fica sempre no Algarve com o sobrinho e os empregados.

Chega o Manuel, o jardineiro. Está nervoso e fala muito alto:

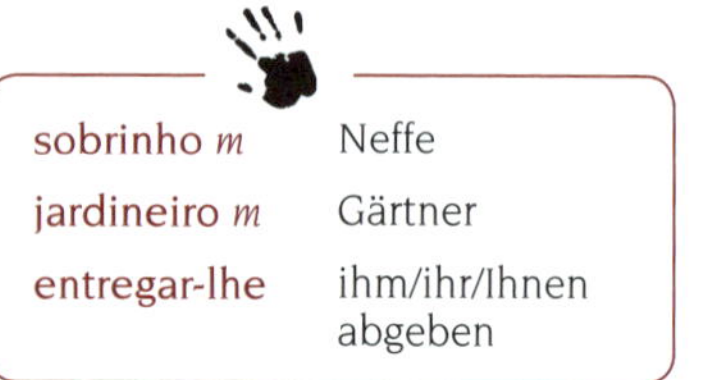

sobrinho *m*	Neffe
jardineiro *m*	Gärtner
entregar-lhe	ihm/ihr/Ihnen abgeben

– Senhor Pinto, uma carta! Uma carta para o senhor.

– Uma carta para mim? Tão tarde? De quem? – pergunta o senhor Pinto, admirado, e levanta-se.

Isabel chega com a sopa e serve-a.

– Não sei. Eu não sei nada. Aqui está o seu nome – responde o jardineiro.

– Quem lhe entregou a carta? – pergunta o senhor Pinto.

Exercício 4: Verdadeiro ou falso? Welche Sätze sind richtig? Kreuzen Sie an!

1. A "Quinta do Olival" é longe de Lagos. ☐
2. A piscina fica em frente da casa. ☐
3. O labrador é castanho. ☐
4. A empregada chama-se Maria. ☐
5. O senhor Pinto está preocupado. ☐
6. O Miguel tem dezasseis anos. ☐

– Encontrei-a no jardim.
– A esta hora? Desde quando trabalha à noite?
– Não, eu, eu... encontrei-a por acaso. Sim, por acaso – responde o jardineiro muito confuso.
Isabel acha o comportamento do jardineiro muito estranho. Ele está nervosíssimo. Quase não pode falar. Além disso, ela sabe perfeitamente que hoje é o dia de folga do Manuel.
– A carta! – ordena o senhor Pinto.
O jardineiro entrega-a. O senhor Pinto abre a carta e exclama:

encontrar	finden
desde quando	seit wann
por acaso	durch Zufall, zufällig
comportamento *m*	Verhalten
além disso	außerdem
dia *m* de folga	Ruhetag, freier Tag
ordenar	befehlen
aflito	sehr aufgeregt
raptar	entführen
que desgraça!	Was für ein Unglück!
malvado *m*	*hier*: Verbrecher
chorar	weinen

– Não é possível!
– Meu Deus, que carta é essa? De quem é? – pergunta Isabel, aflita.
O senhor Pinto senta-se e diz em pânico:
– Raptaram o Miguel! Querem dinheiro. Muito dinheiro!
– Ai, Nossa Senhora, que desgraça! O nosso querido menino... raptado! Que malvados fazem estas coisas? – diz Isabel a chorar.
O senhor Pinto bebe um copo de água.
– E onde está o Miguel agora? – pergunta Isabel.
O senhor Pinto lê:

O Miguel está em segurança. Amanhã de manhã você recebe mais informações. Até lá tem tempo para arranjar um milhão de euros. Nada de polícia nem truques!

O jardineiro olha para o chão. Qualquer coisa não está bem com ele.

– Como vou agora arranjar tanto dinheiro? – questiona o senhor Pinto, perplexo.

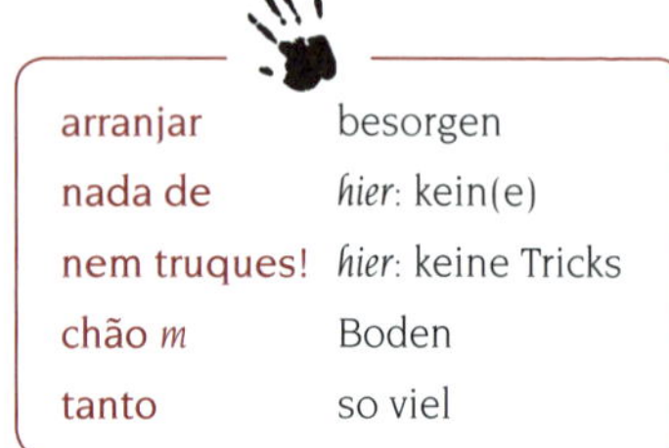

arranjar	besorgen
nada de	*hier*: kein(e)
nem truques!	*hier*: keine Tricks
chão *m*	Boden
tanto	so viel

Exercício 5: Tradução. Wie sagt man auf Portugiesisch? Übersetzen Sie!

1. Meine Frau kommt übermorgen zurück.

   A minha esposa volta depois de amanhã.

2. Er setzt sich hin.

   ____

3. Der Hund steht auf.

   ____

4. Herr Pinto ist der Onkel von Miguel.

   ____

5. Er hat viele Angestellte.

   ____

Resoluta, Isabel toca no braço do jardineiro e pergunta:
– O seu filho David não é amigo do Miguel? Onde é que ele está? Pode saber qualquer coisa.
– Não, o David não sabe nada! Ele está em casa. Está a jantar[i] – responde o jardineiro.
– Como? Então, você encontrou a carta agora, aqui, no meu jardim?! E diz que o seu filho está em sua casa? – pergunta o senhor Pinto.

> Die Periphrase **estar + a + Infinitiv** drückt aus, dass etw. gerade passiert bzw. getan wird. Eine zusätzliche adverbiale Beschreibung mit **agora mesmo** ist nicht mehr nötig. Im Portugiesischen ist diese Form, die das Gerundium ersetzen kann, sehr geläufig. **Ele está a jantar.** Er ist gerade beim Essen./Er isst gerade.

Exercício 6: Ordenar. **Bringen Sie die Buchstaben in die richtige Reihenfolge und finden Sie die Wörter zum Thema Garten!**

1. ajdrmi ____*jardim*____
2. eorvrá ____________
3. dijarronei ____________
4. rbasuot ____________
5. plaiemar ____________
6. iaqunt ____________

– Bom, eu hoje jantei[i] mais cedo. Depois **fui** dar uma volta. Passei por aqui. Encontrei a carta perto do portão. Logo à entrada. **Por isso** entrei. O senhor pode telefonar ao David. Mas ele não sabe de nada, de certeza – acrescenta o Manuel.

– Não **vale a pena**. Agora não se pode perder tempo. Tenho de telefonar ao diretor do banco – diz o senhor Pinto –. Você pode ir, Manuel. Não preciso de si amanhã.

> Das **Pretérito Perfeito Simples (PPS)** wird für bereits abgeschlossene Handlungen in der Vergangenheit, meistens mit genauer Zeitangabe, benutzt. Bei den regelmäßigen Verben werden, ähnlich wie im Präsens, die jeweiligen Endungen angehängt. Es wird also kein Hilfsverb verwendet: **eu jantei, tu jantaste, ele jantou, nós jantámos, eles jantaram.**

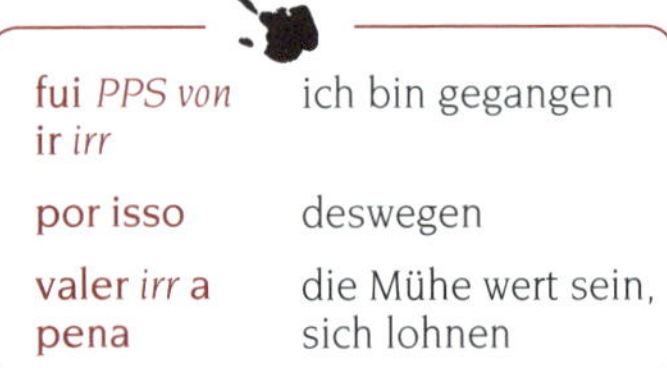

fui *PPS von* **ir** *irr*	ich bin gegangen
por isso	deswegen
valer *irr* **a pena**	die Mühe wert sein, sich lohnen

Exercício 7: Pretérito Perfeito. Unterstreichen Sie die richtige Variante.

1. Eu encontrei / encontrou a carta.
2. Ele encontrou / encontramos o Miguel.
3. Você raptaram / raptou o rapaz.
4. Eu jantei / jantou .
5. Eu foi / fui dar uma volta.

Grande surpresa

Ao mesmo tempo, em Lagos, José Carlos está muito nervoso. Deita-se tarde, depois da **meia-noite**. Não **consegue** dormir. **Dá voltas** e voltas na cama. Ouve o relógio da igreja. Tocam as horas: Uma! Duas(i)! Três horas da manhã! José Carlos levanta-se e vai à cozinha. O Marujo vai com ele. José Carlos bebe um copo de água.

– Também queres água, Marujo? – pergunta ele.

> Um die Uhrzeit anzugeben, werden die Zahladjektive „eins" und „zwei" an das feminine Bezugswort angeglichen: **uma hora, duas horas da manhã.** Ab drei Uhr werden die Zahlen nicht mehr dekliniert: **três, quatro, cinco horas,** etc.

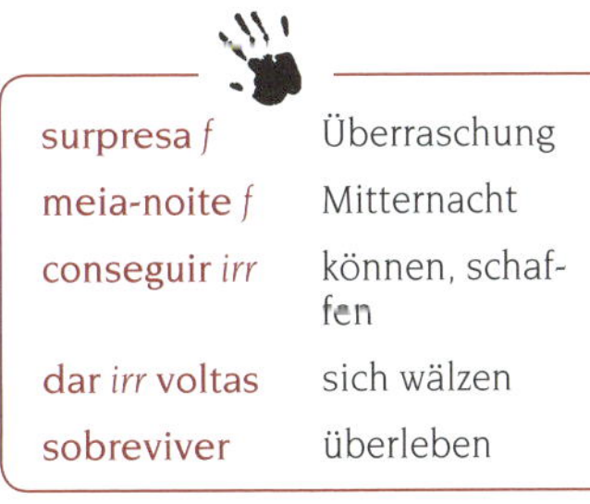

surpresa *f*	Überraschung
meia-noite *f*	Mitternacht
conseguir *irr*	können, schaffen
dar *irr* voltas	sich wälzen
sobreviver	überleben

Mas o cão não bebe. Estão os dois inquietos.

– E se o rapaz morre? Ele pode estar ferido gravemente. Na cabeça... pode ter de ser operado. E não **sobreviver** – diz José Carlos, pensativo.

Abre a janela. Respira fundo. A noite está fria. Fecha a janela outra vez.

– Marujo, vamos dormir. Temos de dormir! Agora não podemos fazer nada.

José Carlos acorda cedo. Levanta-se, toma um duche. Prepara o pequeno-almoço: uma torrada com manteiga e café com leite.[i] Depois come uma banana.

– Marujo, já são horas. Temos de abrir a loja. Mas primeiro vou telefonar à Marta.

Marta é a irmã de José Carlos.

José Carlos tem uma boa relação com a sua irmã. Quando tem problemas, fala sempre com ela. Marta é muito gentil. Ela gosta de ajudar. E toda a gente gosta dela.

– Estou?[i] – responde uma voz feminina.

Die Portugiesen essen zum Frühstück nicht viel. Oft gibt es nur ein getoastetes Brot mit Butter und dazu einen Milchkaffee.

In Portugal meldet man sich nicht mit dem Namen am Telefon. Stattdessen sagt man **estou** oder **sim**, was mit „ja bitte?" übersetzt werden kann.

Exercício 8: Masculino ou feminino? Ergänzen Sie den bestimmten Artikel!

1. ___o___ relógio
2. ______ manhã
3. ______ copo
4. ______ água
5. ______ relação
6. ______ problema

– Sim, és tu, Marta? – pergunta José Carlos.

– Bom dia, José Carlos. Telefonas tão cedo?! – pergunta Marta, admirada.

– Bom dia. Olha, estou muito preocupado. Já sabes a novidade do rapaz da gruta?

cedo	früh
ser *irr* horas	(höchste) Zeit sein
gostar dele/ dela	ihn/sie mögen
incrível	unglaublich
pois é	das stimmt, so ist es

– Qual rapaz da gruta?

– O rapaz da Gruta Verde.

– Não sei de que estás a falar. Francamente! Que confusão!

– Então, é assim: ontem eu encontrei um rapaz na Gruta Verde. Ferido.

– Tu?

– Sim, eu e o Marujo. Depois, a doutora Joana das urgências foi lá. À gruta. Com os salva-vidas do ISN. O rapaz agora está no hospital. Tem ferimentos na cabeça e no ombro.

– Incrível!

– Pois é, mas é verdade.

Exercício 9: Diálogo. Lesen Sie weiter und ergänzen Sie den Dialog mit den richtigen Verbformen im Präsens!

– Eu agora **1.** ir *vou* ao hospital. Tu não **2.** poder __________ ir abrir a loja?

– Eu?! Eu **3.** ter __________ de ir para a escola.

– Mas, Marta, é só abrir a porta. O pai vai lá **levar** os bolos. Eu **4.** chegar __________ um pouco mais tarde. **5.** Eu - prometer __________!

– E os meus alunos? Eu não **6.** poder __________ **faltar às aulas**. Ou chegar tarde!

– Tu não faltas. Só chegas **um bocadinho** mais tarde. Uma colega **7.** ajudar __________. De certeza. Tu também ajudas sempre.

– Ai, ai, ai... Bom, olha, eu vou abrir. Mas vou só abrir! Fico, no máximo, meia hora. Está bem? Recebo os bolos do pai e vou para a escola, José Carlos!

– Tu és a irmã mais querida do mundo! Obrigadíssimo![i] Até logo, Marta!

– Até logo, **beijinho**.

José Carlos está contente.

– Marujo, eu vou primeiro ao hospital. Tu **esperas por** mim aqui em casa. Ficas no jardim. Eu volto já – diz ele.

José Carlos vai ao hospital de bicicleta[i]. A manhã está um pouco fria. Mas ele não tem frio. Vai muito rápido. Chega

> Der Superlativ, die höchste Steigerungsform von Adjektiven und Adverbien, wird mit dem Suffix **-íssimo/-íssima** markiert. Beliebt sind jedoch ebenso die Formen **obrigadíssimo** und **obrigadíssma**, um sich herzlich und vielmals bei jemandem zu bedanken.

ao hospital em poucos minutos. No hospital dirige-se às informações.

– Bom dia, posso falar com a doutora Joana?

– Bom dia. A doutora Joana já não está. Posso ajudar?

– Eu **gostaria de** visitar o rapaz ferido. O da Gruta Verde. A doutora Joana sabe.

– Mas ela não está. Você é da família do jovem?

– Não, eu não o conheço. Eu encontrei-o na gruta.

– Ah, bom. Então você é o José Carlos?

– Exatamente! – responde ele, alegre.

levar	hinbringen
faltar às aulas	im Unterricht fehlen
um bocadinho	ein kleines bisschen
beijinho *m*	Küsschen
esperar por	warten auf
gostaria de	ich möchte gerne
piso *m*	Stockwerk
escadas *f pl*	Treppe
lado *m* **esquerdo**	linke Seite

– Um momento... ele está no quarto 121. Primeiro **piso**.

– E posso falar com ele?

– Penso que sim.

– Obrigado.

– De nada. i

De nada ist die Antwort auf **obrigado/a** und bedeutet „keine Ursache" oder „gern geschehen". „Bitte (sehr)" im Sinne von „jmd. etw. gestatten" heißt **por favor** bzw. **faz favor**.

Mit **ir + de** gibt man an, mit welchem Verkehrsmittel man sich fortbewegt: **Vou de bicicleta. Vamos de barco. Vou de avião.** Aber aufgepasst: Ist man „zu Fuß" unterwegs, heißt es **ir a pé**.

José Carlos sobe as **escadas**. No primeiro piso vira à direita. O quarto 121 é o segundo. Fica do **lado esquerdo**. José Carlos bate à porta. Ninguém responde.

Então, entra lentamente. No quarto há dois rapazes. Um está a dormir. O outro é o louro, da Gruta Verde. Está acordado.

– Olá, bom dia! – diz José Carlos.

– Uhm?

– Eu chamo-me José Carlos. Você fala português!

– Sim – responde o rapaz.

– Não é turista?! Lembra-se do acidente? De ontem?

> Wörter auf **-ista** bezeichnen sowohl männliche als auch weibliche Personen. Der Artikel verdeutlicht, wer gemeint ist: **o turista** - der Tourist, **a turista** - die Touristin.

– Sim, não... está escuro.

– Escuro? Onde? Aqui não está escuro.

– Aqui não – responde o rapaz de forma confusa.

– Eles estão a rir. Muito alto – diz o rapaz.

– A rir? Quem? – pergunta José Carlos, admirado.

– David!

– Como? Você chama-se David?

– Não. Vou com o David. Vamos ao bar.

– Ao bar? Qual bar? Mas você está no hospital!

– O meu tio! Por favor! Na quinta.

– Quem é o seu tio? Mora na quinta?

lembrar-se	sich erinnern
rir *irr*	lachen
injeção *f*	Injektion, Spritze
perigo *m* de vida	Lebensgefahr
descobrir *irr*	herausfinden
tocar	*hier*: klingeln
tratar-se de	sich handeln um
sequestrado	entführt

– O outro... quer dinheiro.

– Quem quer dinheiro? De si?

– Não. Tio, desculpe! A minha cabeça...

– Não entendo nada. Francamente.
Neste momento chega uma enfermeira.
– O rapaz tem de descansar. Agora ele precisa da medicação. E da **injeção**. Fim da visita – diz ela.
– Está bem, obrigado. Até logo.
José Carlos está muito admirado. Mas, o mais importante: o rapaz não está em **perigo de vida**. Felizmente!
– Tenho de fazer qualquer coisa! Tenho de **descobrir** quem é o tio e onde ele mora. Ai, a loja... Tenho de ir para a loja – pensa ele.
José Carlos vai a casa[i]. Depois vai para a praia, trabalhar. Com o Marujo, claro.

> A oder **para**? **Ir a ...** bedeutet, nur kurz irgendwo vorbeizuschauen. **Ir para ...** sagt dagegen aus, dass man an seinem Ziel längere Zeit bleibt. Tipp: kurze Präposition (**a**) = kurze Zeit, lange Präposition (**para**) = lange Zeit.

Ao mesmo tempo, na esquadra da polícia, **toca** o telefone.
– Estou sim? Quem fala? – pergunta o agente Pereira.
– Daqui é o senhor Pinto, da Quinta do Olival.
– Bom dia. Faça favor!
– **Trata-se do** meu sobrinho Miguel. Está **sequestrado** – responde o senhor Pinto.
– Como? Sequestrado?
– Sim, eu tenho uma carta. Desde ontem à noite. Tenho de arranjar um milhão de euros.
– Ontem à noite?! O senhor pode descrever o seu sobrinho?
– Ele tem dezoito anos. É louro e muito alto. Frequenta os bares e cafés em Lagos.

Exercício 10: Perguntas. **Formulieren Sie die passenden Fragen zu den Antworten!**

1. O quarto fica no segundo piso.

   Onde (é que) fica o quarto?

2. Eu chamo-me José Carlos.

   ____

3. Não, eu não sou turista.

   ____

4. O meu tio é o senhor Pinto.

   ____

5. A minha tia e o meu tio moram na quinta.

   ____

6. O homem quer dinheiro.

   ____

– Ah, então está claro. Louro, muito alto: o seu sobrinho é o "jovem de ontem". Está no hospital. Está ferido, mas não é grave!

– No hospital?

– Sim, ontem um jovem encontrou-o na Gruta Verde.

suspeito *m*	Verdächtiger
interrogar	befragen

Nós estamos a investigar o caso. Ainda não há suspeitos. Precisamos da carta. E vamos interrogar o seu sobrinho. A propósito, qual é o nome dele? Ele não tem documentos. Nem telemóvel.

– Miguel. Chama-se Miguel Cardoso Pinto.

– Obrigado.

– Muito obrigado eu. Vou já para o hospital.

– Lá nos encontramos.

Exercício 11: Verdadeiro ou falso? Beantworten Sie die Fragen richtig und finden Sie das Lösungswort!

	verdadeiro	falso
1. O senhor Pinto telefona à polícia.	a	u
2. José Carlos está sequestrado.	r	g
3. Eles querem um milhão de dólares.	i	e
4. O sobrinho tem dezoito anos.	n	m
5. O Miguel é moreno.	p	t
6. O Miguel está ferido gravemente.	o	e

Lösung: ☐☐☐☐☐☐

4 Captura inesperada

Hoje José Carlos só trabalha da parte da manhã. Fecha a loja mais cedo, às três horas. Está muito impaciente! Só pensa no rapaz. Tem de encontrar o tio. E a quinta.

– Marujo! Vamos para o barco. Vamos à gruta outra vez. Mas primeiro vamos aos pescadores. Com sorte, alguém conhece a quinta – diz ele.

O Marujo está feliz. Correm para a marina. José Carlos fala com dois pescadores. Um chama-se Joaquim. O outro é o Augusto. O senhor Joaquim é mais velho[i] do que o Augusto.

– Boa tarde!

– Boa tarde, José Carlos. Não trabalhas à tarde? – pergunta o senhor Joaquim.

– Hoje não. Tenho de fazer outra coisa. Uma coisa tão importante como o trabalho! – responde José Carlos.

– Outra coisa?! – pergunta o Augusto.

– Sim. Mas, bom... Conhecem uma quinta perto da Gruta Verde?

> Wenn man zwei ungleiche Dinge vergleicht, folgt man dieser Regel: **mais/menos + Adjektiv + (do) que: O senhor Joaquim é mais velho do que o Augusto** bzw. **O Augusto é menos velho do que o senhor Joaquim.** Sind aber die zwei Dinge gleich, verwendet man: **tão + Adjektiv + como: uma coisa tão importante como o trabalho.**

– Lá perto? Há uma quinta, sim. É duma família muito rica. Mas não sei o nome – responde o senhor Joaquim.

– Como sabe que a família é muito rica? – pergunta José Carlos.

– Então, quem vive numa quinta é rico. Gente (i) rica! Eles têm empregados, jardineiros, tudo – responde o senhor Joaquim.

– Até *chauffeur*! – acrescenta o Augusto.

Gente bezeichnet zwar eine Menge an Leuten, das Substantiv wird jedoch immer im Singular verwendet. Entsprechend muss auch das Verb im Singular stehen und das Adjektiv an das Geschlecht angeglichen werden: **A gente é rica.**

– Mas a quinta não é longe? – pergunta José Carlos.

– Bom, tu podes ir de barco. Mas tens de levar a tua bicicleta. Vais até à praia pequenina depois da Gruta Verde. De lá, de bicicleta, são mais ou menos vinte minutos. É fácil. Na praia perguntas outra vez – explica o senhor Joaquim.

– Muito obrigado. Até logo. Vamos, Marujo.

José Carlos põe a bicicleta no barco. Partem em direção à gruta. O mar está calmo. Está muita gente a pescar. Há muitas gaivotas na praia. É sinal que hoje há muito peixe. Alguns pescadores estão nas rochas, quase todos são idosos. De repente, José Carlos vê dois homens num barco pequeno.

captura *f*	Fang
impaciente	ungeduldig
sorte *f*	Glück
marina *f*	kleiner Hafen, Anlegestelle
mais ou menos	mehr oder weniger
pôr *irr*	legen, setzen, stellen
sinal *m*	Zeichen
idoso *m*	Senior, alter Herr

Exercício 12: Completar. **Ergänzen Sie die Präpositionen bzw. die zusammengesetzten Formen aus Präposition + Artikel!**

1. Ele tem *de* trabalhar.
2. Ele vai __________ o barco.
3. Ele está __________ praia.
4. Eu vou __________ a escola.
5. A quinta é perto __________ gruta.
6. Ele vai __________ barco.

– Olha, Marujo! Eles têm problemas, precisam de ajuda. O barco **está preso** numa **rede**. Vamos lá.

Aproxima-se **devagar**. Os homens falam muito alto. Discutem.

– A **culpa** é tua! – grita o mais velho.

– Minha?

– Sim! Tu não sabes fazer nada! **Nem** conduzir um barco!

estar *irr* preso	gefangen sein
rede *f*	Fischernetz
devagar	langsam
culpa *f*	Schuld
nem	nicht einmal

– O quê? De quem foi a ideia disto tudo?

– A ideia, a ideia... Eles têm muito dinheiro! E nós não!

– Pois, e se nos descobrem?

– Ah, agora pensas nisso! Olha, David, quem não quer trabalhar? Tu ou eu? Eu trabalho desde os 16 anos! Tu tens 18 e só gastas dinheiro! Então, quem tem culpa?

José Carlos ouve o nome "David". No hospital, o rapaz falou dum "David". José Carlos acha a situação muito estranha. Resolve alarmar a Polícia Marítima. Telefona imediatamente.

gastar	ausgeben
resolver	beschließen
Polícia *f* Marítima	Wasserschutzpolizei

Exercício 13: Palavras cruzadas. Übersetzen Sie und bilden Sie die richtige Pluralform!

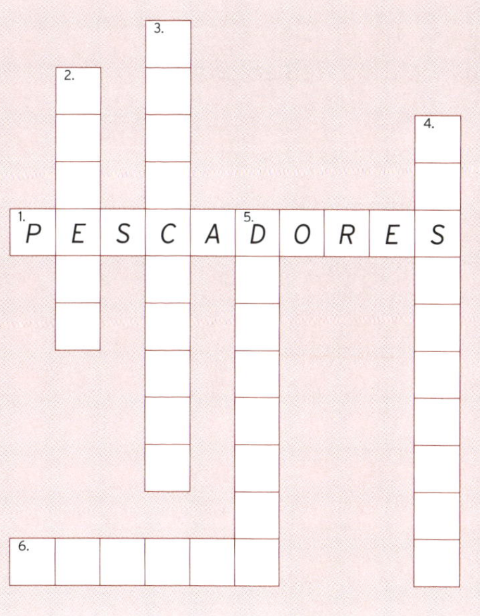

1. Fischer, Angler
2. Mann
3. Fahrrad
4. Streit, Diskussion
5. Richtung
6. Boot

Passam poucos minutos. O barco da polícia está a poucos metros. Os dois homens querem fugir. Mas não têm hipótese. A próxima praia ainda é longe. Os rochedos são muito altos. É impossível escapar à polícia. Eles estão nervosíssimos! Sabem que estão presos. E na rede! No verdadeiro sentido da palavra.

Os polícias chegam ao barco. O agente Pereira entra no barco dos pescadores e ordena:

> Dem Verb „sein" entsprechen im Portugiesisch **ser** und **estar. Ser** bezeichnet einen Dauerzustand bzw. eine feste Eigenschaft: **Ele é alto. A praia é longe.**
> Mit **estar** wird ein vorübergehender, wandelbarer Zustand in Bezug auf einen Ort oder ein Gefühl ausgedrückt: **Ele está no barco. Eles estão nervosíssimos.**

Exercício 14: Diálogo. Lesen Sie weiter und bringen Sie den Dialog in die richtige Reihenfolge!

a) - David Tavares - responde o mais novo.

b) - Não tenho - diz o homem mais novo.

c) - Também não - responde ele.

d) - E você? - pergunta ele ao mais velho.

e) - Boa tarde. Documentos de identificação! Dos dois.

f) - Nome? - diz o polícia.

1	2	3	4	5	6
e					

Os polícias não acreditam. Os colegas procuram um "David!" José Carlos não tem palavras.

O agente Pereira abre uma mochila. Ela é de muito boa qualidade. Tem dentro umas sapatilhas, um telemóvel, dinheiro... e um cartão de cidadão.

É de Miguel Cardoso Pinto!

Não há dúvidas! São os sequestradores do Miguel. Apanhados!

Aqui temos o "nosso David"! – afirma o agente Pereira.

– E você? Qual é o seu nome?

– Manuel Tavares.

– Tavares?! São parentes? – pergunta o polícia.

– Eu sou o pai – responde o Manuel.

– O quê? Não é possível! Vocês raptaram o Miguel?! – exclama José Carlos.

fugir	fliehen, flüchten
hipótese *f*	Chance
escapar	entkommen
sentido *m*	Sinn (des Wortes)
acreditar	glauben
mochila *f*	Rucksack
sapatilha *f*	Turnschuh
cartão *m* de cidadão	Personalausweis
sequestrador *m*	Entführer
apanhado	erwischt
parente *m/f*	Verwandte(r)
entretanto	inzwischen
telefonema *m*	Anruf

Entretanto o senhor Pinto recebe um telefonema da polícia. Vai imediatamente para a esquadra. O agente Pereira interroga David e Manuel Tavares. Ele começa:

– Miguel Cardoso Pinto foi encontrado ontem, ferido, numa gruta. Quem o transportou para lá?

– Bom, nós, nós... fomos ao bar tomar uma cerveja. Depois, bom, depois o Miguel bebeu duas cervejas – diz o David.

– Quem é "nós"? – pergunta o agente Pereira.

– Eu e o Miguel.
– Ele bebeu cerveja? Só cerveja?
– Eu... juntei um **comprimido**, ou dois, na bebida dele... comprimidos para dormir.
– Onde os comprou?
– Eu comprei-os! – diz o Manuel muito alto.
– Você? – pergunta o senhor Pinto, admirado.
– E o Miguel **adormeceu** logo. Eu primeiro esperei por eles. A seguir fomos à gruta. Eu e o meu filho. Com o Miguel. Ele ficou lá... mas só por uma noite! – diz o Manuel.
– Ferido! – diz o agente Pereira.
– Ele **bateu** com a cabeça na rocha! – responde o Manuel.
– Vocês **deixam** o meu sobrinho sozinho na gruta! Porquê? – pergunta o senhor Pinto, perplexo.
– Nós temos **dívidas**. A minha mulher não tem trabalho.

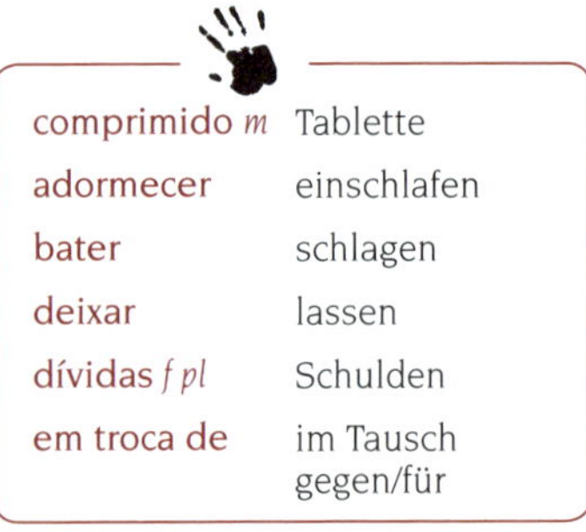

comprimido *m*	Tablette
adormecer	einschlafen
bater	schlagen
deixar	lassen
dívidas *f pl*	Schulden
em troca de	im Tausch gegen/für

– Vamos a factos – diz o agente Pereira. O senhor Pinto recebeu uma carta. Querem um milhão de euros **em troca da** liberdade do Miguel. De quem é esta carta? O agente mostra a carta.
– É minha – responde o Manuel. E o plano também é meu.
– Não é possível! O meu jardineiro e o próprio filho! Raptam o meu sobrinho por dinheiro! – exclama o senhor Pinto.

Morte no Tejo

Glória Soares de Oliveira Frank

Susto à beira-rio

É domingo. Em Lisboa está uma manhã de nevoeiro. São os últimos dias de verão. Sofia Almeida Santos levanta-se um pouco mais tarde porque tem o dia livre. Ela é inspetora da Polícia Judiciária e normalmente também trabalha aos domingos. Hoje pode, finalmente, descansar. Está contente. Vai passar todo o dia com André, o seu namorado. Depois do pequeno-almoço, encontra-se com ele no Parque das Nações[i]. O ponto de encontro é a saída da estação de metro "Oriente".

susto *m*	Schreck
à beira-rio	am Flussufer
nevoeiro *m*	Nebel
Polícia *f* Judiciária	Kriminalpolizei
pequeno-almoço *m*	Frühstück
saída *f*	Ausgang
cumprimentar	begrüßen
abraço *m*	Umarmung

Das für die Weltausstellung von 1998 in Lissabon entstandene Ausstellungsgelände am Ufer des Tejo gilt als beliebtes Ausflugsziel. Es ist Wohn- und Geschäftsviertel zugleich mit Hotels, Restaurants, Einkaufszentren, Sport- und Freizeiteinrichtungen, einer Kabinenseilbahn und einem grandiosen Ozeanarium. Nicht zuletzt ist dieser Stadtteil eine Attraktion für Liebhaber von Architektur und Kunst.

– Olá André, bom dia! – cumprimenta Sofia.

– Muito bom dia, bela Sofia! – responde André, com um grande abraço.

– Então, tudo bem?
– Tudo ótimo! É um **prazer** estar contigo.

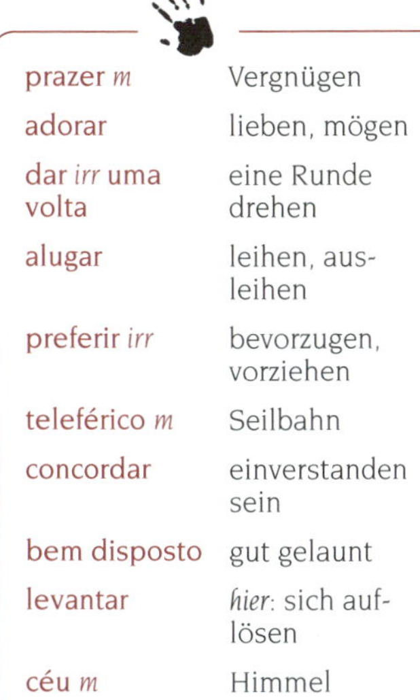

prazer *m*	Vergnügen
adorar	lieben, mögen
dar *irr* uma volta	eine Runde drehen
alugar	leihen, ausleihen
preferir *irr*	bevorzugen, vorziehen
teleférico *m*	Seilbahn
concordar	einverstanden sein
bem disposto	gut gelaunt
levantar	*hier*: sich auflösen
céu *m*	Himmel

– Eu também **adoro** estar contigo! Vamos **dar uma volta**? – pergunta Sofia.
– Claro! **Alugamos** uma bicicleta?
– Francamente ... hoje não quero fazer nada! **Prefiro** uma viagem no **teleférico**. **Concordas**?
– Está bem, vamos lá!
André Ribeiro Costa é do Porto. Ele é arquiteto e vive em Lisboa há anos. É uma pessoa alegre, está sempre **bem disposto**. Sofia e André entendem-se bem, mas ainda não se conhecem há muito tempo. Ambos adoram o Parque das Nações. Entram na cabine. Sentem-se felizes.
– O nevoeiro vai **levantar**. Vamos ter um dia de sol – diz Sofia.
– E estamos entre o **céu** e o rio! – diz André. Olha a Ponte Vasco da Gama[i]!

> Die über 17 Kilometer lange, sechsspurige Vasco da Gama-Brücke im Osten von Lissabon wurde anlässlich der Expo 98 gebaut. Sie ermöglicht eine schnelle Verbindung zwischen Lissabon und den am Südufer des Tejo gelegenen Städten, ferner eine praktische Nord-Süd-Route von Porto an die Algarve. Man umfährt so ganz einfach das Lissaboner Stadtzentrum.

Exercício 1: Combinar. Was gehört zusammen? Bilden Sie sinnvolle Wendungen!

1.	*f* levantar-se	a)	um prazer
2.	☐ dar	b)	o dia livre
3.	☐ ser	c)	contente
4.	☐ estar	d)	uma bicicleta
5.	☐ ter	e)	uma volta
6.	☐ alugar	f)	tarde

– Grande ponte(i)! – exclama Sofia.

– Sim, é uma magnífica construção! – diz André, fascinado.

In der Regel stehen Adjektive nach dem Substantiv (**a casa grande**). Sie werden vorangestellt, wenn man etwas hervorheben möchte: **grande ponte, magnífica construção.**

– As pessoas **parecem formigas**! Os jardins estão lindíssimos, não estão?! Esta sinfonia de **cores**...

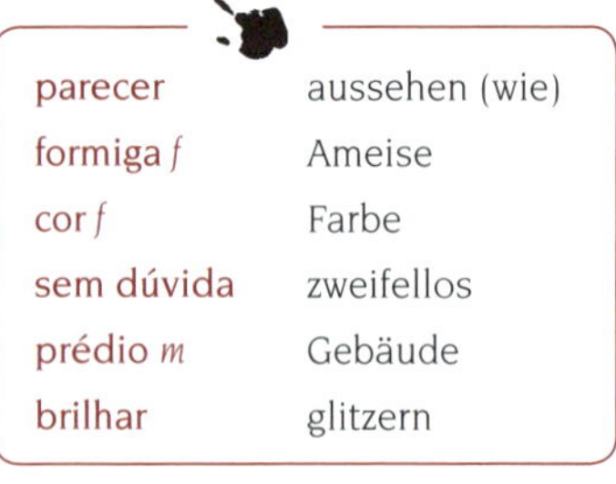

parecer	aussehen (wie)
formiga *f*	Ameise
cor *f*	Farbe
sem dúvida	zweifellos
prédio *m*	Gebäude
brilhar	glitzern

– **Sem dúvida**! E estes **prédios** modernos... Isto é, realmente, espetacular! Gosto deste momento...

O sol já **brilha** na água do rio Tejo. A viagem é, na verdade, muito bonita. Depressa se aproxima o fim. Sofia prepara-se para sair. **De repente** exclama:

– Não é possível! Olha ali em baixo, André!

– Onde?

– Mesmo ali!

– Mas onde? Não vejo nada de especial!

– Meu Deus! Na **margem** do rio, não vês ninguém?

André tira os **óculos de sol**.

– Ai! Não é possível! Alguém vai **nadar**? – pergunta André, perplexo.

– Não! O **corpo** está **parado**. Vamos sair depressa! Fim do dia livre – diz Sofia.

de repente	plötzlich
margem *f*	Ufer
óculos *m pl* **de sol**	Sonnenbrille
nadar	schwimmen
corpo *m*	Körper
parado	*hier*: unbewegt, starr
estatura *f*	Größe, Statur
bolso *m*	Tasche
calças *f pl* **de ganga**	Jeanshose
natural de	gebürtig aus
único	einzig
ferimento *m*	Verletzung
homicídio *m*	Mord
acidente *m*	Unfall
iniciar	beginnen
investigação *f*	Ermittlung
contar	erzählen

A inspetora informa imediatamente os colegas. Eles chegam depressa. O corpo é retirado do rio. Sem vida. É um homem jovem, moreno, de **estatura** média. No **bolso** das **calças de ganga** ele tem o cartão de cidadão. A identificação é fácil: João Magalhães Ramos, de 25 anos de idade, **natural de** Lisboa. O corpo apresenta um **único ferimento** na cabeça. A pergunta é: trata-se de suicídio? **Homicídio**? Ou **acidente**? Sofia **inicia** as **investigações**. Primeiro entra em contacto com a mãe do morto. Em estado de choque, dona Júlia **conta**:

Exercício 2: Verdadeiro ou falso? Wahr oder falsch? Kreuzen Sie die richtige Antwort an!

1. Sofia tem o domingo livre. ❐
2. Ela encontra-se com o André antes do almoço. ❐
3. O namorado da Sofia é médico. ❐
4. Eles vão passear a pé. ❐
5. Eles estão felizes. ❐
6. Sofia vê um corpo no rio. ❐

– O João ainda mora comigo. Ele estuda Biologia aqui em Lisboa.

– E o que faz nas férias? – pergunta Sofia.

– No verão ele passa um mês em Cabo Verde, na ilha do Sal.

– De férias?

– Não, ele trabalha numa organização de proteção das **tartarugas** marítimas – responde dona Júlia –. Eles **defendem** o **meio ambiente**...

– Eles? Conhece algum colega do seu filho?

– A Filipa.

– Quem é a Filipa?

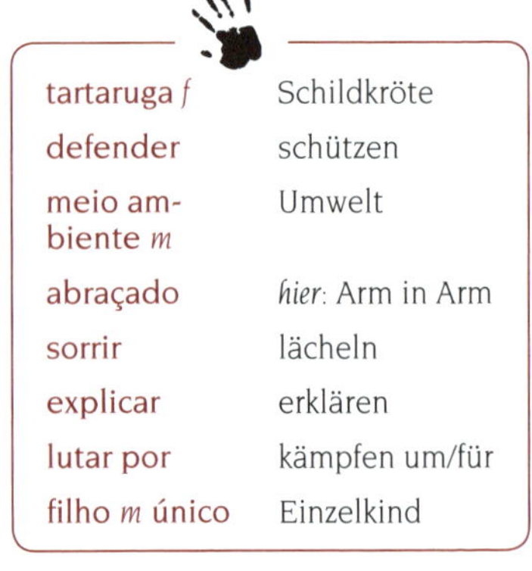

tartaruga *f*	Schildkröte
defender	schützen
meio ambiente *m*	Umwelt
abraçado	*hier*: Arm in Arm
sorrir	lächeln
explicar	erklären
lutar por	kämpfen um/für
filho *m* único	Einzelkind

– É a namorada dele.

Dona Júlia mostra uma fotografia dos dois. Filipa e João estão abraçados e sorriem.

– A fotografia é em Cabo Verde, na praia onde eles trabalham – explica dona Júlia.

– A senhora conhece a Filipa há muito tempo?

– Há uns três anos[i], mais ou menos. Ela também é estudante de Biologia.

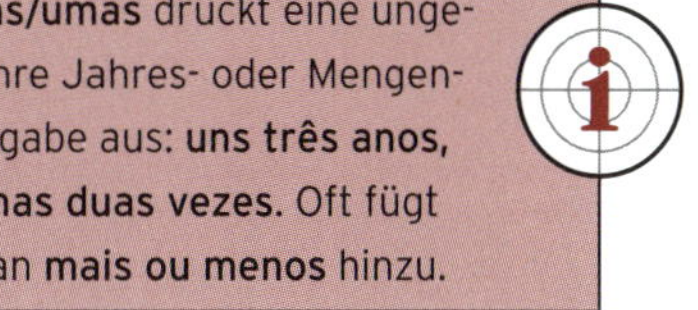

– E vai sempre com o seu filho para Cabo Verde?

– Já foi umas duas vezes. A Filipa é muito boa rapariga.

– Boa rapariga?

– Sim, luta pelos animais, como o João. Ele é assim desde pequenino. Eles entendem-se bem. Gostam muito um do outro.

Exercício 3: Diálogo. Lesen Sie weiter und ergänzen Sie den Dialog mit den richtigen Verbformen im Präsens!

– O João **1.** ser ____é____ filho único?

– Não, eu **2.** ter ________ um mais velho, o António.

– Onde é que ele **3.** morar ________?

– O António **4.** ter ________ um apartamento no Parque das Nações.

– **5.** Ser __________ uma zona cara!

– Sim, felizmente ele **6.** ganhar __________ bem[i]. O António **7.** ajudar __________ muito o irmão.

Bem ist ein Adverb in der Bedeutung „gut“: **Tudo bem! Ganha bem.** Aber aufgepasst: **bom/boa** haben die gleiche Bedeutung, sind jedoch Adjektive und richten sich in Geschlecht und Zahl nach dem Substantiv: **bom filho, boa rapariga.**

Dona Júlia mostra uma fotografia dos dois filhos e acrescenta:

– O António também é um bom filho! Eu não posso pagar os estudos do João sozinha. A vida está cara.

– E o pai dos seus filhos... ?

– Eu sou divorciada. Ele vive no Brasil com outra mulher. Não temos contacto.

– E os filhos?

– Ele não se interessa pelos filhos! – diz dona Júlia.

– A senhora desculpe a pergunta: o seu filho João nunca teve problemas de saúde? Depressões, talvez?

– Nunca, ele foi sempre um rapaz feliz, sem problemas[i] nenhuns... alegre, otimista, uma pessoa muito positiva! Faz muito desporto: é um excelente surfista. É vegetariano, não fuma...

Substantive auf **-ema** sind meistens männlich: **o problema, o tema, o sistema.** Weiblich sind dagegen: **a alfazema** - Lavendel, **a gema** - Eigelb, **as algemas** - Handschellen.

– Sim, sim... perdão, pensa que o seu filho tem inimigos?

Exercício 4: Adjetivos. **Leiten Sie die Adjektive von den Substantiven ab!**

1. divórcio ______*divorciado*______
2. desporto ____________________
3. alegria ____________________
4. saúde ____________________
5. felicidade ____________________
6. juventude ____________________

– Não, de forma nenhuma. O meu filho não **faz mal a** ninguém. Toda a gente gosta dele.

Sofia ordena as informações: Uhm… João não tem inimigos, é uma pessoa saudável. Então, foi um acidente? Uhm… **estranho**!

ganhar	verdienen
acrescentar	hinzufügen
pagar	bezahlen
divorciado	geschieden
saúde *f*	Gesundheit
foi *PPS von* **ser** *irr*	ist gewesen
surfista *m/f*	Surfer(in)
fumar	rauchen
perdão *m*	Verzeihung
inimigo *m*	Feind
fazer *irr* **mal a alguém**	jmdm. etw. zuleide tun
estranho	eigenartig

2 Em Cabo Verde

Umas semanas antes está-se noutro mundo. A areia da praia está escaldante. No início de agosto, o sol de Cabo Verde (i) é extremamente forte. A paisagem da Ilha do Sal (i) é linda. Tem quilómetros e quilómetros de praia, de areia branca, muito fina. Parece o cenário de um filme. Não se vê quase ninguém. Só há uns surfistas no mar. As ondas são boas e a água é refrescante. João e Filipa são dois desses surfistas. Estão no intervalo do almoço.

– Uau... que maravilha de ondas! – diz João, feliz.

– O nosso paraíso! – comenta Filipa.

> Die Republik Kap Verde liegt im Zentralatlantik vor der Westküste Afrikas. Der Archipel ist vulkanischen Ursprungs und besteht aus 15 Inseln, von denen neun bewohnt sind. Die Amtssprache der Kapverden ist Portugiesisch.

> Sal ist eine der kleineren Kapverdischen Inseln. 1460 wurde die zu der Zeit unbewohnte Insel von den Portugiesen entdeckt. Seit den 1970er Jahren gilt sie als „Paradies" für Windsurfer. Ende der 1990er folgten die Tourismusindustrie und der Hotelbau.

areia *f*	Sand
escaldante	glühend heiß
fino	fein
onda *f*	Welle
refrescante	erfrischend
intervalo *m* do almoço	Mittagspause

– Pois é, mas já são horas, querida... temos de ir trabalhar.
– Sim, as tartaruguinhas[i] esperam por nós.

> Die Verkleinerungsform wird durch Anhängen von **-inho(s)/-inha(s)** an ein Substantiv oder Adjektiv gebildet. Sie ist typisch für die portugiesische Sprache und wird gern auch für Koseformen verwendet. **Tartaruguinhas** bezeichnen hier „niedliche kleine Schildkröten".

– A propósito, a que horas é a **reunião**? – pergunta João.
– Ao fim da tarde, às seis horas. E o tema é sério. O teu irmão não **desiste** do projeto – diz Filipa.
Filipa e João trabalham numa organização de proteção das tartarugas marinhas. Eles lutam pelos animais e pela defesa do meio ambiente. E têm muito trabalho. A **poluição** é um problema grave.
A construção de hotéis e de grandes prédios **aumenta**. A natureza **sofre**. Por outro lado, muitas pessoas **enriquecem** com isso. António, o irmão de João, é o melhor exemplo.
– **Acho** que o meu irmão não vai **mudar de ideias**! – diz João.
– Pois. É um grande projeto.

reunião *f*	Treffen, Sitzung
desistir	aufgeben
poluição *f*	Verschmutzung
aumentar	steigen, zunehmen
sofrer	leiden
enriquecer	reich(er) werden
achar	glauben, denken
mudar de ideias	die Meinung ändern

Ele só pensa em dinheiro. É incrível! Vocês são completamente diferentes. Não parecem irmãos.
– Sabes o que a nossa mãe diz?
– O quê?

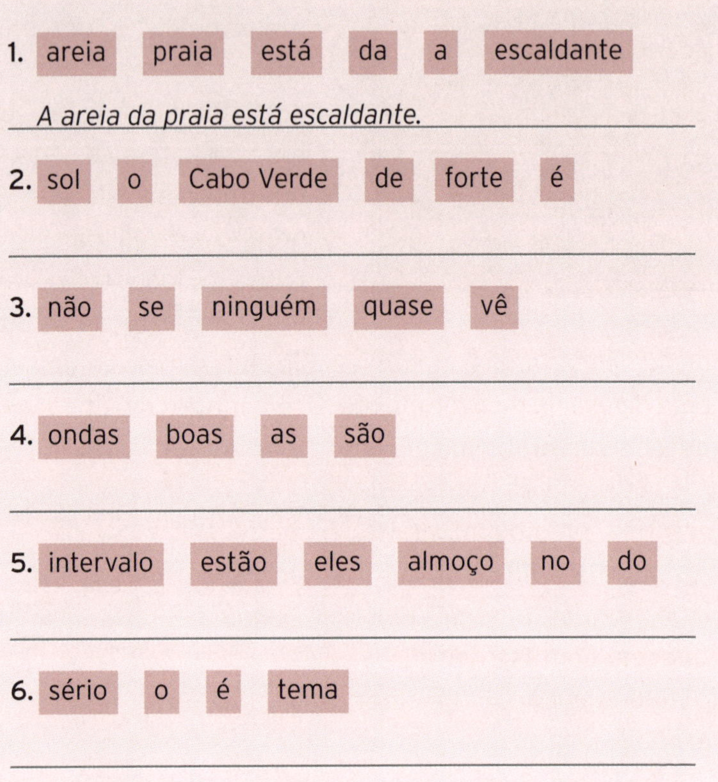

Exercício 5: Sintaxe. Bringen Sie die Wörter in die richtige Reihenfolge!

1. areia | praia | está | da | a | escaldante

   A areia da praia está escaldante.

2. sol | o | Cabo Verde | de | forte | é

   ____

3. não | se | ninguém | quase | vê

   ____

4. ondas | boas | as | são

   ____

5. intervalo | estão | eles | almoço | no | do

   ____

6. sério | o | é | tema

   ____

– Ela diz que nós somos "como a noite e o dia" – acrescenta João.

– E tem razão! O teu irmão não compreende?! O que é que ele quer? Construir nesta zona, precisamente aqui, mais um hotel! Já há aqui muitas casas. Vão destruir completamente o ecossistema! Que horror! – diz Filipa, alto.

– Eu sei, Filipa, eu sei. Realmente não se[i] pode construir mais aqui… e diretamente na praia! Não, não pode ser – diz João, com calma –. É um caso complicado. Vamos ver!

> Wenn der Urheber einer Handlung unbekannt ist, wird die Passivform durch ein Reflexivpronomen ersetzt: **pode-se** (man kann). In der Verneinung wird das Pronomen vorangestellt: **não se pode.**

Aproxima-se a hora da reunião. António chega às seis horas em ponto. Uma senhora muito elegante acompanha-o. De profissão, António é engenheiro de construção civil. Ele tem vinte e nove anos e trabalha com uma firma de construção de Cabo Verde. O seu novo projeto é um hotel de luxo. Também está planeado um parque com várias piscinas. Tudo vai ter acesso direto à praia.

destruir	zerstören
engenheiro *m* de construção civil	Bauingenieur
de luxo	Luxus…, Nobel…
acesso *m*	Zugang
Junta *f* de Freguesia	Gemeinderat
faltar	fehlen
fundos *m pl* financeiros	finanzielle Mittel

– Boa tarde! – cumprimenta António.

– Boa tarde! – respondem Filipa e João.

– Posso apresentar a doutora Liliana? É a senhora presidente da Junta de Freguesia.

– Muito prazer! – diz João.

– Igualmente – responde a senhora.

Filipa senta-se e só diz:

– Bom, vamos diretamente à questão. Na nossa organização faltam fundos financeiros… como toda a gente sabe.

Nós trabalhamos por convicção, não por dinheiro. Não podemos concordar com este novo projeto!

– Não concordam... mas sabem quantos postos de trabalho se vão criar? Este hotel vai dar comida a muita gente – argumenta António.

– E vai matar muitos animais. Como é que as tartarugas vão sobreviver? O que é que vamos fazer com elas? – pergunta João.

– Elas têm outras praias.

convicção *f*	Überzeugung
concordar com	einverstanden sein mit
postos *m pl* de trabalho	Arbeitsplätze
criar	*hier*: schaffen
matar	töten
sobreviver	überleben

Exercício 6: Sopa de letras. Finden Sie im Gitterrätsel sechs Begriffe zum Thema Eingriff in die Natur!

P	U	H	D	N	E	M	H	U
A	P	L	E	A	G	A	V	P
C	O	N	S	T	R	U	I	R
R	L	I	T	U	A	P	X	É
E	U	L	R	R	I	B	A	D
C	I	Y	U	E	Z	O	S	I
U	Ç	S	I	Z	A	I	H	O
V	A	I	R	A	W	L	E	S
T	O	J	H	O	T	É	I	S

– Têm o quê? Praias **poluídas**? Sem dúvida! E com muito plástico! **Lixo**! – exclama Filipa.
– Estás a **exagerar**, não achas? – pergunta António.
– Não, não estou!
– A Filipa tem razão. Como é que as tartarugas se vão orientar? Um hotel fica iluminado toda a noite – diz João.
– E as tartarugas-bebés não vão para o mar. Vão para a luz, para o jardim. Ou para a estrada! E lá morrem – acrescenta Filipa.

poluído	verschmutzt
lixo *m*	Müll
exagerar	übertreiben
ter *irr* **direito a**	das Recht haben auf
obrigação *f*	Verpflichtung
criança *f*	Kind
educação *f*	*hier*: Bildung

– As tartarugas não se podem defender. E a praia é delas há muito, muito tempo – diz João.
– Vocês só pensam nos animais. E as pessoas não **têm direito a** uma vida melhor?! Você[i] é estudante, não é? – pergunta a doutora Liliana.
– Sou, sim senhora! E a Filipa também. Somos estudantes de Biologia. Temos **obrigação** de fazer qualquer coisa... pela natureza e pelos animais! – responde João.

Você ist in Portugal eine höfliche Anrede zwischen Menschen, die sich nicht duzen. Es wird die 3. Person Singular verwendet. **Você é** entspricht zwar dem deutschen „Sie sind", ist aber eine Art „halbförmliche Sie-Form". Im Plural heißt es **vocês: vocês pensam** kann sowohl „ihr denkt" als auch „Sie denken" bedeuten.

– Mas as **crianças** cabo-verdianas têm direito a uma boa **educação**! Também querem estudar. Para isso, os pais precisam de trabalho – explica a doutora Liliana.

Exercício 7: Perguntas. **Formulieren Sie die passenden Fragen zu den Antworten!**

1. Eles pensam nos animais.

   Eles pensam em quê? / Em que é que eles pensam?

2. Nós somos estudantes de Biologia.

   ____

3. Não, eu não estou de acordo.

   ____

4. Não, em Cabo Verde chove pouco.

   ____

5. Liliana é a senhora presidente da Junta de Freguesia.

   ____

– E nesta terra há muitos problemas. Não **chove** quase nada! De que vai viver a população?! – acrescenta António.

– O turismo não é a solução! – diz Filipa.

– É sim, o turismo de qualidade é a solução! Não há outra **hipótese**! – diz António, excitado.

chover	regnen
hipótese *f*	Möglichkeit

– Há, sim! Criar uma área natural protegida. Proteger a natureza! Isso é a função deste país. E de todos nós – responde João.

Exercício 8: Verdadeiro ou falso? Wahr oder falsch? Kreuzen Sie die richtige Antwort an!

1. António é mais velho do que João. ❒
2. Há poucas praias na Ilha do Sal. ❒
3. António quer construir um hotel novo. ❒
4. No hotel vão trabalhar muitas pessoas. ❒
5. Filipa é contra a construção do hotel de luxo. ❒
6. João concorda com o irmão. ❒

3 Enigma

É segunda-feira de manhã. No dia a seguir à morte de João, a inspetora Sofia lê o jornal. Na folha de notícias de Cabo Verde está:

enigma *m*	Rätsel
folha *f*	Blatt
vitória *f*	Sieg
defensor *m*	*hier*: Umweltschützer
recusar	ablehnen
iniciador *m*	Initiator, Begründer
meio *m*	Mitte
voluntário *m*	Freiwilliger
perder	verlieren
derrota *f*	Niederlage
vergonhoso	beschämend
ciúme *m*	Eifersucht
inveja *f*	Neid

Vitória para os defensores da área natural protegida. Ilha do Sal recusa a construção do novo hotel. O engenheiro António Magalhães Ramos desiste do grande projeto. Magalhães Ramos felicita os iniciadores de uma reserva natural.

A inspetora observa bem a fotografia no jornal. Reconhece João. Ele está no meio de um grupo de jovens voluntários. Sofia reflete sobre o caso. Resume: António, o irmão de João, perde. Para um engenheiro de prestígio é uma derrota! O irmão mais novo vence! É quase vergonhoso... para uma pessoa ambiciosa. Ele tem motivos para assassinar o irmão: rivalidade, ciúme e inveja. E mora perto do local do crime...

A inspetora resolve interrogá-lo[i]. António está muito chocado. Sofia olha bem para ele. Está admirada. Ele é muito **parecido** com o irmão.

É **da mesma altura**, tem o mesmo nariz, a boca... os olhos azuis[i]... o cabelo castanho! São como **gémeos**. Ele é quatro anos mais velho?! **Inacreditável**!

António está **visivelmente transtornado**. Não pode **acreditar** na morte do irmão.

– Quando foi o último encontro com o seu irmão? – pergunta Sofia.

– Ontem à noite – responde António.

Aufgepasst bei der Kombination von Infinitiv + Personalpronomen: Wenn ein Verb auf **-r** endet, fällt dieser Konsonant beim Aufeinandertreffen mit dem angehängten Pronomen weg. Dafür erhält der Vokal einen Akzent und dem Pronomen wird ein **l-** vorangestellt: **interrogar o António – interrogá-lo.**

Farben werden dekliniert wie jedes andere Adjektiv: **cabelo castanho.** Aufgepasst: Der Plural von **azul** lautet **azuis.**

parecido	ähnlich
da mesma altura	gleich groß
gémeos *m pl*	Zwillinge
inacreditável	unglaublich
visivelmente	sichtlich
transtornado	*hier*: verwirrt, verstört
acreditar	glauben

– Pode relatar a noite? Primeiro: onde é que vocês se encontram?

– Nós encontramo-nos sempre no "nosso" bar.

– "Nosso"? – pergunta Sofia.

– Eu digo assim. Vou lá várias vezes.

– Com o seu irmão?

– Às vezes com o meu irmão. Outras vezes sozinho. Ou com amigos... vou sempre que posso – diz António.

Exercício 9: Antónimos. Ergänzen Sie die Gegenteile und enträtseln Sie das Lösungswort!

1. noite d i [a]
2. perto _ _ [ ] _ _
3. vida _ _ _ [ ] _
4. derrota _ _ _ [ ] _ _ _
5. perder _ _ [ ] _ _ _
6. pouco _ _ [ ] _ _
7. velho _ _ _ [ ]

Lösung: [A] [ ] [ ] [ ] [ ] [ ] [ ]

– Onde fica o bar?

– É perto do meu apartamento. O João também gosta. Bom... nós **costumamos** ir lá... **tomar** qualquer coisa – continua António.

– Fala de ontem? – pergunta Sofia.

– Sim, há lá bons **petiscos**. E o João está muito feliz durante toda a noite.

– Porquê?

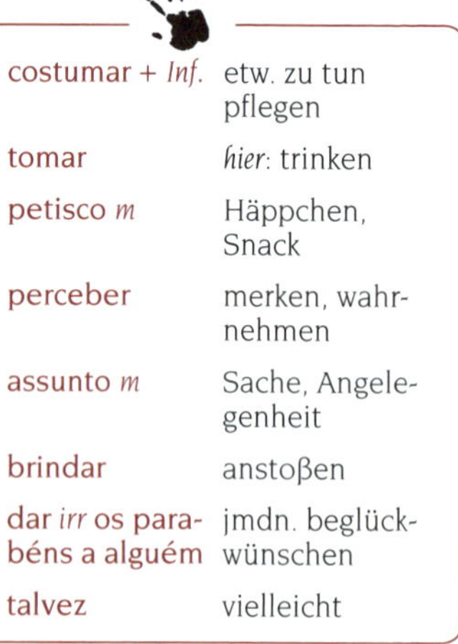

costumar + *Inf.*	etw. zu tun pflegen
tomar	*hier*: trinken
petisco *m*	Häppchen, Snack
perceber	merken, wahrnehmen
assunto *m*	Sache, Angelegenheit
brindar	anstoßen
dar *irr* os parabéns a alguém	jmdn. beglückwünschen
talvez	vielleicht

– Por causa do projeto da reserva natural. Eu percebo que é um assunto importante para ele. Não fala de outra coisa. Eu queria brindar com ele... dar-lhe[i] os parabéns.

– Os parabéns?!

– Sim! Brindar à reserva natural.

– Mas assim você perde uma coisa muito lucrativa: o seu hotel na praia! – exclama Sofia.

> Für das indirekte Objektpronomen gibt es im Portugiesischen nur eine Form: **-lhe** bezeichnet sowohl ein weibliches Objekt („ihr") als auch ein männliches („ihm").

– Claro, mas eu tenho outra ideia.

– O quê?

– Uma coisa maior[i].

– Ainda maior?

– Sim, e mais ecológica. Talvez até juntamente com o meu irmão. Não sei bem...

> **Maior** (größer) ist die Komparativform von **grande**. Verwechseln Sie sie nicht mit **melhor** (besser), dem Komparativ von **bom/bem**.

– Você e o seu irmão?!

Exercício 10: Diálogo. Lesen Sie weiter und ergänzen Sie den Dialog mit den richtigen Verbformen im Präsens!

– Sim, porque não? Nós não **1.** ser *somos* rivais.

– Então, está bem, vocês **2.** tomar ________ qualquer coisa...

– Sim, nós **3.** beber ____________ uns copos.

– Vocês **4.** beber ____________ muito?

– Bom, **5.** ser ____________ uma noite divertida!

– Vocês **6.** estar ____________ **alegres**?!

– Sim! Nós **7.** rir ____________ muito.

A inspetora não acredita no António. Acha-o estranho. Qualquer coisa não está bem. Ela continua:

– Na sua profissão você ganha bem. O seu irmão ainda é estudante. E você ajuda-o financeiramente, não é verdade?

– Sim, é verdade! O João é meu irmão. Claro que o ajudo.

– Claro?

– Sim, eu gosto muito dele. E ele precisa. Os estudos custam dinheiro.

alegre	*hier*: angeheitert, beschwipst
com gosto	gerne
demais	zu viel
ϟ sei lá	was weiβ ich
bengaleiro *m*	Garderobe
vestir *irr*	anziehen
para brincar	zum/aus Spaβ
trocar	tauschen
cabedal *m*	Leder
algodão *m*	Baumwolle

– E as viagens?

– Sim. Eu também pago as viagens, tudo. Eu posso ajudar a minha família. Graças a Deus. E faço-o **com gosto**!

Sofia insiste no relato da noite passada:

– Bom, vocês bebem uns copos... E a seguir?

– Não me lembro. Nós bebemos demais. Eu não me lembro de tudo.
– Não se lembra... uhm...
– Não! Nós comemos, bebemos... Ficamos umas duas horas, sei lá! Ou mais... no fim eu pago. Estou cansadíssimo. Só quero ir dormir.
– E depois? – pergunta Sofia.
– Nós levantamo-nos da mesa... com certa dificuldade. Mas alegres! Vamos embora – diz António.
– Vocês vão... alegres... o álcool.
– Sim... tenho de repetir? Ah... um momento – António tenta recordar-se –. Primeiro procuro o meu casaco. Mas ele não está no bengaleiro. Não o encontro porque... o João veste-o. Como nos velhos tempos. Só para brincar. E ri muito! Pois eu visto o casaco do João. E nós rimos os dois – diz António.
– Bom, está bem, então vocês trocam os casacos...
– Sim: ele veste o meu. É um blusão de cabedal preto. E eu visto o casaco dele[i]. De algodão, branco... típico do João, tudo biológico!
– E depois? – pergunta Sofia novamente.
– Depois nós saimos do bar.
– E mais?
– A seguir não sei.
– Umas coisas sabe, outras não... Que estranho! – exclama Sofia.
António quer lembrar-se do resto da noite. Mas tem dificuldade. Faz uma pausa e continua:

Anstelle der Possessivpronomen **seu, sua, seus, suas** kann man auch die Varianten **dele, dela, deles, delas** verwenden. Sie werden dem Substantiv nachgestellt und tragen zur Klarheit des Besitzers bei: **o seu casaco – o casaco dele.**

Exercício 11: Verdadeiro ou falso? Wahr oder falsch? Kreuzen Sie die richtige Antwort an!

1. António ajuda o irmão financeiramente. ❐
2. Os dois irmãos vão a um bar. ❐
3. António bebe pouco. ❐
4. António lembra-se bem da noite passada. ❐
5. João veste o blusão do irmão. ❐
6. António não veste o casaco. ❐

– Nós vamos em frente, para o rio.
– E o que fazem?
– Nada de especial. Andamos um pouco. Nada mais! Mas o vento é forte. Começa a chover... não, não é só chuva. É uma trovoada!
– E vocês ficam à chuva?
– O João quer voltar ao bar. Quer beber mais um copo. Eu não posso mais. E... de repente... a Filipa também lá está. Nós não compreendemos como. Nem eu nem (i) o João! Ela aparece ali.
– Com chuva! De onde é que ela vem?
– Não faço a mínima ideia. Tenho muita pena... mas não me lembro de mais nada!

Die Konjunktion **nem ... nem** entspricht dem deutschen „weder ... noch" und folgt meistens auf eine bereits verneinte Aussage: **Não compreendemos, nem eu nem o João.**

Exercício 12: Cores. Bilden Sie aus den Silben fünf Farbadjektive! Zu welchem Satz passen sie?

de | a | ~~cas~~ | pre | ~~nho~~ | ver | bran

to | zuis | co | ~~ta~~

1. João e António têm o cabelo *castanho*.
2. Ambos têm os olhos ________________.
3. O projecto da reserva natural é em Cabo ________________.
4. O blusão do António é de cabedal ________________.
5. O casaco do João é ________________.

andar	gehen
chuva *f*	Regen
trovoada *f*	Gewitter
aparecer	*hier*: auftauchen
ter *irr* muita pena	leidtun

4 Equívoco fatal

Um interrogatório **segue-se** ao outro. Agora Sofia está em casa da Filipa. Ela está extremamente triste. Fala lentamente, muito baixo. "Provavelmente tomou **calmantes**", pensa Sofia.

equívoco *m*	Verwechslung
seguir-se *irr*	folgen
calmante *m*	Beruhigungsmittel
relação *f*	Beziehung
lisboeta	aus Lissabon
namorar	zusammen sein (Paar)
guia *m/f* turístico/a	Stadtführer(in)

– Qual é o seu nome completo? – pergunta a inspetora.

– Filipa Paiva Alves.

– E a sua **relação** com João Magalhães Ramos?

– Nós conhecemo-nos há mais de três anos. Da universidade.

– Você também é de Lisboa?

– Sou, sim. A minha mãe é cabo-verdiana e o meu pai **lisboeta**. Eu sou natural de Lisboa.

– Então, você e o João são colegas... amigos.

– E **namoramos** há dois anos.

– Muito bem. Nos tempos livres, o que fazem?

– Tempos livres? Eu? Eu[i] não tenho tempos livres! Nas férias da universidade trabalho como **guia turística**.

> Im Portugiesischen wird oftmals das Personalpronomen weggelassen. Wenn man es verwendet, dann um es zu betonen.

– Aqui na cidade?
– Sim, e em agosto nós vamos para Cabo Verde.
– Quem é “nós”?
– Eu e o João.
– Vão trabalhar?
– Vamos[i]. Mas para mim[i] o trabalho é uma paixão. Ou melhor, para nós os dois! – afirma Filipa.

> Anstatt mit **sim** antwortet man meistens lieber mit dem Verb: **vamos.**

> Nach einer Präposition hat das Personalpronomen eigene Formen. In Verbindung mit **para** heißt es: **para mim/ti/si/ele/ela/nós/vocês/eles/elas.**

– O que é que fazem?
– Nós lutamos pela defesa do ecossistema das praias da Ilha do Sal.
– Mais concretamente? – pergunta Sofia.
– O João trabalha comigo na área de proteção das tartarugas marítimas.
– Bom, o vosso trabalho certamente que não é fácil – diz Sofia.
– Não, não é. Nós lutamos com muitas dificuldades – responde Filipa.
– De que tipo?
– No aspeto financeiro, por exemplo. A falta de apoio. Além disso, as empresas de construção.
– Elas são o grave problema? – pergunta Sofia.
– Claro! Lutar contra gente do género do irmão do João é difícil... É sempre assim. Os ricos querem enriquecer ainda mais – responde Filipa.

paixão *f*	Leidenschaft
certamente	sicher
tipo *m*	Art
falta *f*	Mangel
apoio *m*	Unterstützung

Exercício 13: Respostas. **Formulieren Sie die passenden Antworten zu den Fragen!**

1. Como fala a Filipa?

   Ela fala lentamente e muito baixo.

2. Há quanto tempo é que a Filipa e o João se conhecem?

   ____

3. Eles são só amigos?

   ____

4. O que é que a Filipa faz em Lisboa nas férias?

   ____

5. O que é que a Filipa faz em Cabo Verde?

   ____

– E como?

– Com grandes casas e mais hotéis! Eles **têm culpa de** tudo! – exclama Filipa.

– A sua relação com o engenheiro António não é, **por isso**, boa – diz Sofia.

– Não, não é! Não quero nada com ele. Que horror! Ele é o **culpado** da morte do irmão.

– Como?

– Sim! Por causa do encontro de ontem.

– Pode falar de forma mais clara? O que sabe do encontro? – pergunta Sofia.

– Bom, na semana passada, o João contou-me da nova ideia do António – responde Filipa.

– Qual ideia?

Mit 991 km² und der Hauptstadt Praia ist Santiago die flächengrößte der Kapverdischen Inseln. Santiago hat nicht so große Sandstrände wie beispielsweise Sal, besitzt aber abwechslungsreiche und sehr schöne Landschaften, die zum Wandern geeignet sind.

– De construir um **centro de investigação** de "não sei o quê".

– Onde?

– Na Ilha de Santiago.

– E então?

– E de trabalhar juntamente com o João!

– E qual é o problema?

– O problema?! Quem pode **confiar no** António? Eles os dois juntos? Impossível! – exclama Filipa.

– Cada um tem o seu próprio objetivo, não é?

Exato. E porque é impossível trabalhar com o António!

– O que quer dizer? Pode explicar? – pergunta Sofia.

– Ele só pensa em dinheiro! E é um colérico!

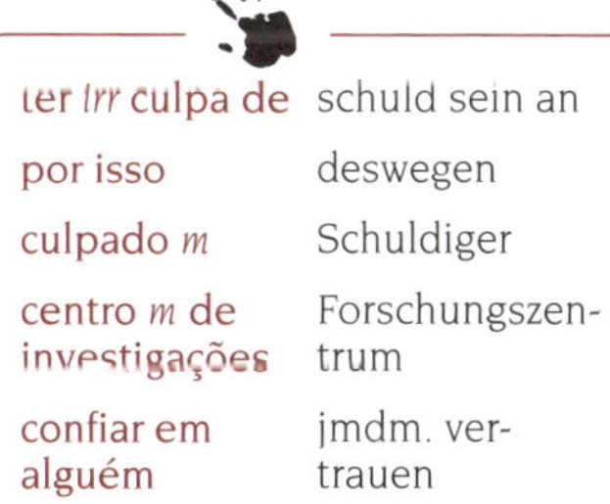

ter *irr* culpa de	schuld sein an
por isso	deswegen
culpado *m*	Schuldiger
centro *m* de investigações	Forschungszentrum
confiar em alguém	jmdm. vertrauen

– Mas vamos voltar ao tema, por favor. Ontem eles encontram-se. Certo? – interroga Sofia.

– Sim, eles encontram-se no bar. Eu tento telefonar várias vezes ao João. Ele não atende.

Exercício 14: Sintaxe. **Bringen Sie die Wörter in die richtige Reihenfolge!**

1. lutamos | muitas | nós | com | dificuldades

   Nós lutamos com muitas dificuldades.

2. o | não | trabalho | fácil | é

   ____

3. ricos | mais | os | enriquecem | ainda

   ____

4. querem | construir | eles | um | hotel

   ____

5. têm | tudo | eles | culpa | de

   ____

6. destruição | um | é | problema | a | natureza | da

   ____

– Porque quer falar com ele?

– Porque estou preocupada.

– Mas é um encontro de dois irmãos.

– Está bem, mas não sei – diz Filipa.

– E depois? O que acontece? – pergunta Sofia.

– Depois resolvo ir ao bar. De bicicleta – responde Filipa.
– Vai espionar?
– Vou ver o que se passa, mais nada!
– E o que se passa?
– Eles saem do bar, abraçados. Completamente bêbedos.
– E a seguir?
– Andam um pouco. Param à beira-rio – diz Filipa e começa a chorar.
– E o que acontece?
– O António puxa o João. O João empurra-o. Eles brigam.
Sofia está perplexa. Sabe que não há vestígios de luta no corpo. E porque é que Filipa não denunciou António? Ele fala duma noite divertida. "Estranho..." pensa "qual deles diz a verdade?"
– Eles brigam? Tem a certeza que não riem nem brincam? – pergunta Sofia.
– Uhm... sim... penso que sim – Filipa fica insegura –. Está a chover muito. Eu não reconheço a cara, só o casaco do João.
– O casaco branco? – pergunta Sofia.
– Sim, e... eu, eu... vou de bicicleta. E separo-os. Com força. Empurro o António com a bicicleta. Ele cai. Bate com a cabeça no chão. Na pedra. Com muita força.

acontecer	geschehen, passieren
resolver	beschließen
espionar	spionieren
bêbedo	betrunken
chorar	weinen
puxar	ziehen, zerren
empurrar	(weg)schubsen
brigar	streiten, kämpfen
vestígios *m pl* de luta	Kampfspuren
denunciar	anzeigen
com força	kräftig
chão *m*	Boden

– E o que é que você faz?

– Eu quero ajudá-lo. Mas a chuva é muito forte. E o vento... O João também **cai**. Parece que bebeu demais. Eu **dirijo-me** a ele e... vejo que tenho o António nos meus braços! Com o casaco do João. Não compreendo... **Corro** para o meu querido João... mas ele não **respira**. Está morto.

– A **queda** foi mortal?

– Sim! Em pânico, **atiro-o** para o rio... e... volto para casa. Não sei como. Foi um acidente, verdade! Um terrível acidente!

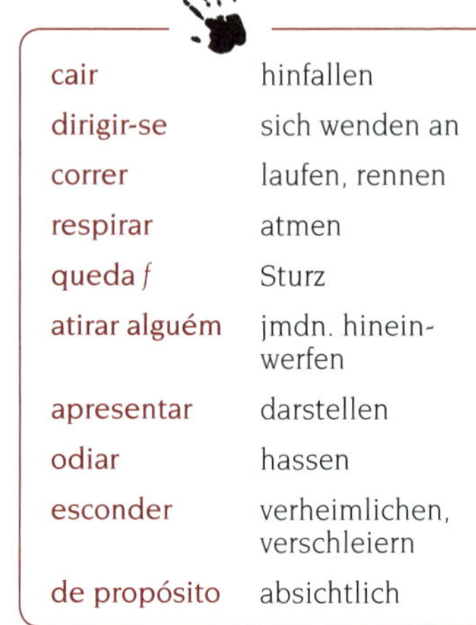

cair	hinfallen
dirigir-se	sich wenden an
correr	laufen, rennen
respirar	atmen
queda *f*	Sturz
atirar alguém	jmdn. hineinwerfen
apresentar	darstellen
odiar	hassen
esconder	verheimlichen, verschleiern
de propósito	absichtlich

Exercício 15: Combinar. Ordnen Sie den Verben das passende Körperteil zu!

1.	[c] abraçar	a) pernas
2.	[ ] andar	b) cabeça
3.	[ ] espionar	c) braços
4.	[ ] rir	d) mãos
5.	[ ] puxar	e) boca
6.	[ ] pensar	f) olhos

– Mas você **apresenta** o António como culpado. Porque é que o **odeia** tanto? É ou não é? – diz Sofia, muito séria.
– É uma pessoa má! É a razão de todos os nossos problemas no trabalho... e... foi o pânico, pode acreditar...
– Acredito, Filipa. E acredito que foi um acidente. Mas você **esconde** a morte do João e a verdade. Não chama um médico, nem a polícia. Isto são erros graves.
– Mas não foi **de propósito**! – diz Filipa a chorar – o meu amor!
– Pois, mas o António perdeu o irmão. E a mãe o filho!

Sequestro em Belém

Maria José Aureliano Vilas Boas

1 O convite

– Hum, a sopa está deliciosa, mãe!
– E para **sobremesa**, há pastéis[i] de Belém.
– Assim vou **engordar**, mas **não faz mal**... são os melhores pastéis do mundo.
– Sim, estes pastéis são muito **saborosos**! Não são só os turistas que os **adoram**. Desde que aqui moro que é assim – diz a mãe.

> **Pastel de Belém** ist ein Blätterteigtörtchen mit Puddingfüllung, das für gewöhnlich lauwarm und mit einer Prise Zimt serviert wird. Heutzutage kennen nur wenige Menschen das Originalrezept - eine wahre Kostbarkeit, diese Köstlichkeit! Grammatik-Tipp: Die betonte Substantivendung **-el** wird im Plural zu **-eis**, hier sogar mit Akzent: **o pastel, os pastéis.**

convite *m*	Einladung
sobremesa *f*	Nachtisch
engordar	zunehmen, dick werden
não faz mal	macht nichts
saboroso	schmackhaft
adorar	lieben
receita *f*	Rezept
segredo *m*	Geheimnis
confeitaria *f*	Konditorei
interdito	verboten

– É mesmo verdade que a **receita** tem um **segredo**? – pergunta o Rui.
– Sim, é verdade. Aliás, na cozinha da **confeitaria** há uma porta **interdita**. Só entra quem sabe o segredo. Penso que só uma pessoa sabe a receita completa, o chefe, o pai da tua amiga Teresa, o senhor Ferreira.

– Isso significa que só aqui em Belém podemos comer os pastéis autênticos!

– Sim, autênticos e, por isso, muito cobiçados – diz a mãe.

cobiçado	begehrt
caso *m*	Fall
abandonar	*hier*: aufgeben
negócio *m* de família	Familienunternehmen
tive *PPS von* ter *irr*	habe gehabt
correr bem	gut laufen, glattgehen

– Há uns anos ouviu-se falar até do caso de espionagem de um certo senhor Almeida. Muitos querem um *franchising*, mas o chefe não está interessado em abandonar este negócio de família. São já muitas gerações – explica a mãe.

Neste momento toca o telemóvel do filho.

– Está, Rui? É o Pedro, como estás?

– Olá, Pedro. Eu estou bem, obrigado! E tu?

– Eu também estou bem, obrigado. Ainda tens exames?

– Hoje tive o último de manhã e correu bem.

– Que bom. Eu também já terminei os exames. Não correram mal. Olha Rui, eu, a Ana e a Teresa queremos fazer *jogging*, em Belém[i]. Queres vir connosco? Tens tempo na primeira semana de férias, na terça-feira?

Belém heißt der im Westen und gleichzeitig am Tejo gelegene Stadtteil von Lissabon. Hier befinden sich der **Torre de Belém** und das **Mosteiro dos Jerónimos**, beide Weltkulturerbe, und natürlich die berühmt-berüchtigte **Fábrica dos Pastéis de Belém.**

– Claro que tenho. É uma boa ideia!

– Na terça-feira às 9h, em Belém, pode ser?

– Ótimo. Mas Pedro, tenho uma condição: ir à confeitaria em Belém tomar o pequeno-almoço. Pago eu, pois faço anos na terça!

– Ah é verdade, tu fazes anos na terça. Então, muito bem, festejamos juntos o teu aniversário! Combinado. Às 9h, em Belém. Um abraço e até terça.

Chiado ist ein altes Stadtviertel in Lissabon. Es liegt in der westlichen Oberstadt. Einst ein Tummelplatz für Literaten und Intellektuelle, ist es heute ein elegantes Einkaufsviertel.

condição *f*	Bedingung
pequeno-almoço *m*	Frühstück
fazer *irr* anos	Geburtstag haben
combinado	abgemacht
observar	*hier*: begutachten
montra *f*	Schaufenster
sapatilhas *f* de corrida	Turnschuhe
lanchar	eine Kleinigkeit essen

– Um abraço, Pedro, até terça, então.

Após o telefonema, o Pedro contacta a Ana e a Teresa. Depois dos exames, as duas amigas estão no Chiado[i]. Fazem compras e não ouvem o telemóvel tocar. Observam a montra duma loja de calçado desportivo e encontram um modelo interessante e barato de sapatilhas de corrida. Entram na loja e compram umas sapatilhas muito confortáveis. Depois passeiam pelas ruas da cidade.

São 6h da tarde e nas ruas há muitas pessoas e muito trânsito. As duas amigas vão à Brasileira[i] lanchar. Está um

Das Café **A Brasileira** liegt am **Largo do Chiado** und ist mit vergoldeten Spiegeln verziert. Es soll die Geburtsstätte der **bica**, des portugiesischen Espresso, sein.

fim de tarde quente e com muito sol ainda. A esplanada do café está cheia. Uns leem o jornal, outros conversam com os amigos. Muita gente toma uma bica, um galão, ou uma cerveja, come um pastel ou um gelado. As duas amigas procuram uma mesa e, por acaso, encontram o Pedro.

– Olá, Pedro! Viva! – diz a Ana.

– Podemos partilhar a mesma mesa? Já terminaram os teus exames? – pergunta a Teresa.

– Claro! Que bom ver-vos! Sim, graças a Deus, já terminei os exames. E vocês?

cheio	voll
bica *f*	Espresso
galão *m*	Milchkaffee
gelado *m*	Eis
por acaso	durch Zufall, zufällig
ϟ viva	hallo (unter Freunden)

Exercício 1: Combinar. Welche Wochentage gehören zusammen? Ordnen Sie sie zu!

1. [d] Montag	a) sexta-feira
2. [ ] Dienstag	b) domingo
3. [ ] Mittwoch	c) quarta-feira
4. [ ] Donnerstag	d) segunda-feira
5. [ ] Freitag	e) sábado
6. [ ] Samstag	f) terça-feira
7. [ ] Sonntag	g) quinta-feira

– Nós também – responde a Teresa.

– Olhem, já falei com o Rui – diz o Pedro –. O encontro é na primeira semana de férias, no dia dois de agosto, em Belém, na confeitaria. O Rui faz anos nesse dia.

concordar	einverstanden sein
aproveitar	nutzen, sich zunutze machen
boleia *f*	Mitfahrgelegenheit
empregado *m*	Kellner
aproximar-se	sich nähern
bacalhau *m*	Stockfisch
com certeza	mit Sicherheit
conversar	sich unterhalten

– Ai, é verdade – diz a Teresa.

– Antes do *jogging*, o Rui quer tomar o pequeno-almoço em Belém. **Concordam**? – pergunta o Pedro.

– Ótima ideia! Eu vou de carro. **Aproveito** a **boleia** do meu pai – diz a Teresa.

Entretanto, o **empregado** do café **aproxima-se** da mesa dos três amigos.

– Boa tarde! O que desejam? – pergunta.

– Eu tenho fome[i]...queria, por favor, um galão e um *croissant* – pede a Teresa.

– Para mim, um cafezinho e uma tosta-mista, por favor – pede a Ana.

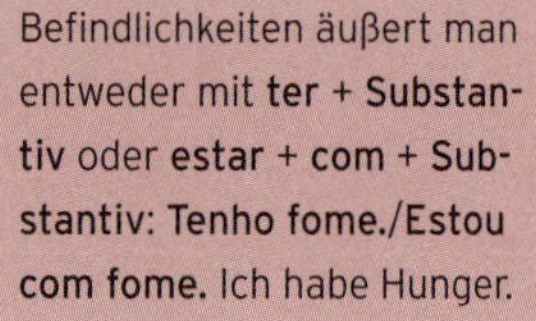
Befindlichkeiten äußert man entweder mit **ter + Substantiv** oder **estar + com + Substantiv: Tenho fome./Estou com fome.** Ich habe Hunger.

– Eu tenho sede e fome... prefiro uma coca-cola *light* fresca e um pastel de **bacalhau**, por favor! – pede o Pedro.

– É tudo? – pergunta o empregado.

– É, sim – responde o Pedro.

– **Com certeza**. Trago já – responde o empregado.

Os três amigos **conversam**, bem dispostos.

Exercício 2: Ordenar. Bringen Sie die Buchstaben in die richtige Reihenfolge und finden Sie sechs Getränke!

1. aibc ____*bica*____
2. olãag ____________
3. creevaj ____________
4. gáau ____________
5. hivon ____________
6. cleothaco ____________

– Já tenho um presente para o Rui. Podemos dar juntos, o que acham? – pergunta o Pedro.

– Boa ideia! – afirmam as duas jovens

– O que é? – pergunta a Teresa, curiosa.

– Ora, quem adivinhar o que é, paga o lanche. Está bem, assim?

As duas jovens riem e aceitam o desafio. Sabem como o Pedro gosta de brincar.

presente *m*	Geschenk
curioso	neugierig
ora	nun, also
adivinhar	erraten
lanche *m*	Imbiss
rir *irr*	lachen
desafio *m*	Herausforderung
brincar	spielen

– É um CD de fado[i]? – tenta a Teresa adivinhar.
– Eu sei que o Rui adora fado, mas não é.
– É um jogo para o computador? – tenta a Ana.
– Também não é. Meninas, o Rui vai fazer 19 anos! E ele é o nosso melhor amigo, certo? Tem de ser alguma coisa diferente, não acham? Eu acho que ele vai gostar muito do nosso presente. São uns binóculos. Vocês sabem como o Rui adora a natureza. A mãe disse-me que nas próximas férias ele viaja para o sul. Assim, pode observar as aves raras no Parque Natural da Ria Formosa – diz o Pedro.

> **Fado** ist ein für Portugal eigener Musikstil, der vor allem mit Lissabon und Coimbra assoziiert wird. Er ist Teil der portugiesischen Alltagskultur und prägt die portugiesische Identität. **Fado** heißt „Schicksal" und ist Ausdruck von **Saudade** – schmerzlicher Sehnsucht, Fernweh, Melancholie.

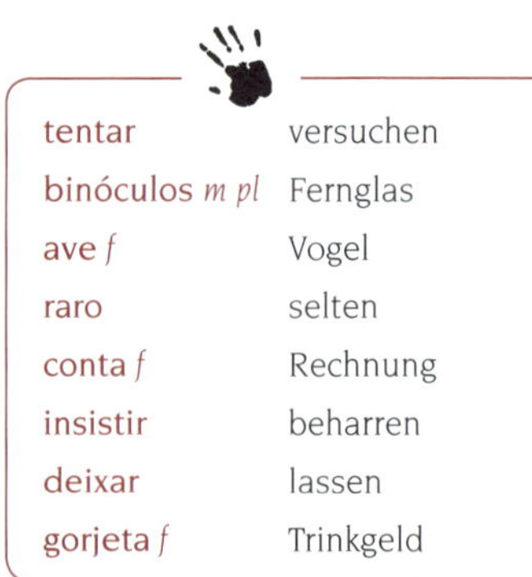

tentar	versuchen
binóculos *m pl*	Fernglas
ave *f*	Vogel
raro	selten
conta *f*	Rechnung
insistir	beharren
deixar	lassen
gorjeta *f*	Trinkgeld

– Boa ideia! – diz a Teresa.
– O Rui vai adorar! – diz a Ana.
– E não foi muito caro – diz o Pedro.
– Quanto custou? – pergunta a Teresa.
– Custou 75 euros.
– Aqui tens a minha parte – diz a Teresa.
– E aqui tens a minha parte, também – diz a Ana.
Entretanto, o empregado traz o pedido dos três jovens.
– Ora, aqui está! Bom apetite!
– Por favor, pagamos já – diz a Teresa.

– A conta é junta ou separada?
– É junta. Hoje, pago eu – insiste o Pedro.
As duas jovens agradecem. O Pedro deixa a gorjeta sobre a mesa.

Exercício 3: Diálogo. Sie sitzen in einem Café. Was passiert der Reihe nach? Bringen Sie die Sätze in die richtige Reihenfolge!

a) – Pago já.

b) – De nada.

c) – Queria, por favor, um galão e um *croissant*.

d) – Boa tarde, o que deseja?

e) – Trago já.

f) – Obrigada.

1	2	3	4	5	6
d					

2 O sequestro

Uma semana mais tarde estamos em agosto. Dia dois, primeira semana de férias dos quatro amigos. Em Lisboa está calor. Já há muito trânsito. Alguns engarrafamentos, sobretudo nas pontes e no centro da cidade, nas rotundas e avenidas. Nos semáforos os taxistas enervam-se. Nas paragens de autocarro e de elétrico também já há muita gente. A Ana e o Pedro moram perto do Museu Calouste Gulbenkian ⓘ, por isso levantam-se mais cedo e viajam juntos. Apanham o metro e depois o elétrico. Eles acham que é mais prático e ecológico. O Rui, como mora perto da confeitaria, não precisa de se levantar cedo. A 25 quilómetros de Lisboa, em Cascais, em casa da Teresa, passa-se o inesperado. O pai

sequestro *m*	Entführung
engarrafamento *m*	Verkehrsstau
sobretudo	vor allem
rotunda *f*	Kreisverkehr
semáforo *m*	Ampel
paragem *f*	Haltestelle
apanhar	(Verkehrsmittel) nehmen
cedo	früh
inesperado	unerwartet

Das **Museu Calouste Gulbenkian** ist ein bedeutendes Kunstmuseum in Lissabon, das die außergewöhnliche Sammlung des Kunstmäzens **Calouste Gulbenkian** beherbergt. Das Gebäude des Museums wurde zwischen 1964 und 1969 gebaut und 1984 um ein Museum für moderne Kunst erweitert.

da Teresa é raptado. Um vizinho, amigo da família, é a única testemunha. Ele informa a mãe da Teresa. A mãe está chocada.

raptado	entführt
vizinho *m*	Nachbar
testemunha *f*	Zeuge/Zeugin
malvado *m*	böser Mensch
participar	anzeigen
ocorrência *f*	Vorfall, Ereignis
advogado *m*	Rechtsanwalt
parabéns!	Glückwunsch!
ter *irr* direito a	*hier*: eine Chance haben zu
letreiro *m*	Schild

– Como pode ser, meu Deus? Que mundo é este? Que malvados!

Rapidamente, telefonam para a polícia. Participam a ocorrência. O advogado da família pensa que é melhor não abrir a confeitaria hoje e não alarmar os clientes. A Teresa já não vai ter com os amigos.

Um pouco mais tarde, a Ana e o Pedro aproximam-se da paragem da confeitaria. Lá está o Rui, entre muitos turistas de todas as nacionalidades: brasileiros, espanhóis, franceses, ingleses, alemães e chineses. Ninguém sabe muito bem o que se passa. Não se vê nenhum empregado.

Bom dia sagt man von sehr früh morgens bis zur Mittagszeit. Von 12 Uhr bis Einbruch der Dunkelheit heißt es **Boa tarde**, sobald es dunkel ist **Boa noite**.

– Olá Rui, tudo bem? Parabéns! – diz a Ana.

– Bom dia[i] Rui, então muitos parabéns! – diz o Pedro.

– Bom dia, obrigado. Mas parece que não temos direito a pequeno-almoço – diz o Rui.

Tristes, os três jovens aproximam-se da porta da confeitaria. Está fechada. Um pequeno letreiro informa:

"Informamos os nossos caros clientes que encerramos para férias.
A gerência."
– Para férias? Mas esta confeitaria nunca está de férias! Hum... aqui há gato! – diz a Ana. Como sempre, a intuição feminina e o seu sexto sentido.

gerência *f*	Geschäftsführung
⚡ aqui há gato!	Hier stimmt was nicht!
se calhar	vielleicht
esquecer-se	vergessen
a partir de	ab, von ... an
afastar-se	sich entfernen
urgente	dringend
sequestrar	entführen
incrível	unglaublich
surpresa *f*	Überraschung
passar por lá	dort vorbeikommen

– E onde está a Teresa que ainda não chegou? – pergunta o Rui.
– Ela vem de carro com o pai – diz o Pedro.
– Mas se o pai da Teresa não vem, a Teresa também não vem – diz a Ana.
– Se calhar vem de autocarro ou de elétrico – diz o Pedro.
– Ou de bicicleta. Nós sabemos como a Teresa adora andar de bicicleta – diz o Rui.
– Sim, também pode ser. Se calhar, a Teresa esqueceu-se de que o pai tem férias a partir de hoje – diz o Pedro.
– Ou então, passa-se alguma coisa que nós não sabemos ainda – diz a Ana.
– Uma *sms* da Teresa! – diz o Pedro.
– Então, o que se passa? – pergunta a Ana.
Os três jovens afastam-se da porta da confeitaria. O Pedro lê a mensagem: "Urgente. Sequestraram o meu pai. A minha mãe está chocada. Podem vir a minha casa? Beijos. Teresa."

Exercício 4: Plural. **Bilden Sie den Plural!**

1. o turista ______*os turistas*______
2. o amigo ____________
3. o português ____________
4. o espanhol ____________
5. o jovem ____________
6. a cliente ____________
7. o chefe ____________

– Sequestrado? Incrível! – Os amigos ficam sem fala.
– Apanhamos o autocarro? – pergunta o Pedro.
De repente, ouvem alguém chamar.
– Mãe? Tu aqui? – O Rui está perplexo.
A mãe do Rui está de carro. Vai ao aeroporto buscar o pai. Mas como é uma surpresa para o aniversário do filho, ela diz que vai dar uma aula extra.
– Raptaram o pai da Teresa. Ela está em casa... – diz o Rui.
– O quê? Que horror! – exclama a mãe.
– Sim, é verdade. Vamos agora a casa dela.
– Entrem[i], eu passo por lá. Ainda tenho tempo – diz a mãe.

Wenn das Verb im **Imperativ** regelmäßig ist, kann man die Formen des Imperativs von der 1. Person Singular des Indikativ Präsens ableiten. Die Endung **-o** wird von den Imperativendungen ersetzt: **(tu) entra! (você) entre! (vocês) entrem!**

Apesar dos engarrafamentos, depressa chegam a casa da Teresa. O Rui e os amigos despedem-se da mãe.

Em casa, a Teresa não sabe como acalmar a mãe. Quando os amigos chegam, ela está a **despedir-se** do médico de família.

– Muito obrigada, senhor doutor, vou já comprar o **calmante**. Adeus!

Os amigos aproximam-se.

– Olá, amigos! – diz a Teresa.

– Olá, Teresa. Estás bem? O que se passa? – pergunta o Rui.

– Como estás, amiga? – pergunta a Ana.

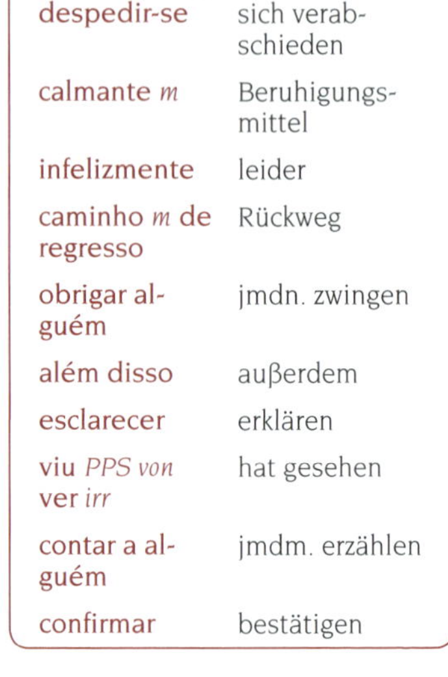

despedir-se	sich verabschieden
calmante *m*	Beruhigungsmittel
infelizmente	leider
caminho *m* **de regresso**	Rückweg
obrigar alguém	jmdn. zwingen
além disso	außerdem
esclarecer	erklären
viu *PPS von* **ver** *irr*	hat gesehen
contar a alguém	jmdm. erzählen
confirmar	bestätigen

– Entrem, sentem-se, por favor! – diz a Teresa, enquanto conduz os amigos até à sala.

Pois é! wird oft verwendet, um etwas zu bejahen bzw. um dem Gesprächspartner zuzustimmen. Es kann mit „Jawohl", „So ist es" oder „Stimmt!" übersetzt werden.

– Raptaram o teu pai? – pergunta o Pedro.

– Pois é[i]! **Infelizmente**, é verdade – diz a Teresa.

– Mas como? – pergunta o Rui.

– Todos os dias de manhã cedo, o meu pai vai à padaria aqui perto comprar o pão para o pequeno-almoço. Hoje também, mas no **caminho de regresso** a casa, um homem com uma meia na cabeça **obri-**

gou-o a entrar num carro... Até agora não sei onde está. Normalmente, o meu pai compra o pão em cerca de cinco minutos. Além disso, o telemóvel dele está aqui. Não podemos contactá-lo[i] – esclarece, muito triste, a Teresa.

– Mas como sabes que o teu pai entrou num carro? – pergunta o Rui.

– Um vizinho, muito nosso amigo, viu e contou-nos. É a única testemunha. Infelizmente, foi tudo muito rápido, ele não sabe o carro nem a cor deste. Mas confirma que são dois homens.

– Que horror! – diz a Ana.

> Die Personalpronomen **o, os, a, as** werden zu **lo, los, la, las** nach Infinitiven. Das **-r** des Infinitivs entfällt, das **-a** des Infinitivs wird zu **-á**, das **-e** des Infinitivs wird zu **-ê: estudá--lo(s)/estudá-la(s)** (ihn/sie/es studieren) bzw. **vê-lo(s)/vê-la(s)** (ihn/sie/es sehen).

Exercício 5: Verdadeiro ou falso? Welche Aussagen sind richtig? Kreuzen Sie an!

1. Sequestraram o tio da Teresa. ☐
2. Os três amigos vão a pé a casa da Teresa. ☐
3. A mãe da Teresa está chocada. ☐
4. A mãe do Rui vai fazer compras. ☐
5. A Teresa está em casa com a mãe. ☐
6. A Teresa mora em Cascais. ☐

O nosso advogado acha melhor não abrir a confeitaria, mas sem alarmar os clientes.
– Então por isso o letreiro... – conclui o Pedro.
– E o que diz a polícia? – pergunta a Ana.
– Temos de aguardar e informar a polícia no caso de nova informação – diz a Teresa.
– E há suspeitos? O teu pai tem inimigos? – pergunta o Rui.
– Acho que não...não sei. Tanto quanto sei, o meu pai só teve problemas com um funcionário que trabalhou há uns anos com ele e que tentou roubar a receita dos nossos pastéis. Parece que agora tem o seu próprio negócio – esclarece a Teresa.

aguardar	warten, abwarten
suspeito *m*	Verdächtiger
inimigo *m*	Feind
tanto quanto sei	soweit ich weiß
funcionário *m*	Angestellter
roubar	stehlen
maluco *m*	Verrückter
lembrar-se	sich erinnern
desembrulhar	auspacken

– Mas quem é que (i) quer raptar o teu pai? – pergunta o Rui.
– Não sei. Algum maluco...
Entretanto, a Teresa lembra-se de que o Rui faz anos.
– Ai, é verdade, parabéns Rui! – deseja a Teresa.
– Já agora, aqui está o nosso presente – diz o Pedro.
O Rui desembrulha o presente, rapidamente.
– Uns binóculos!

Die Frage mit **é que** ist in der Alltagssprache sehr beliebt. In diesem Fall erfolgt keine Inversion von Subjekt und Verb und **é que** steht gleich nach dem Fragewort. **O que fazes tu aqui?** bzw. **O que é que tu fazes aqui?**

– Gostas? – pergunta o Pedro.

– Muito obrigado! São fantásticos! – diz o Rui e experimenta os binóculos.

– Agora, preciso de ir à farmácia. Eu vou com vocês até à paragem do autocarro – diz a Teresa.

– Teresa o que é que a gente[i] pode fazer para te ajudar? – pergunta a Ana.

– Nada. Mas muito obrigada pela vossa visita. Vocês são mesmo amigos! Tchau!

– Tchau, Teresa – os três amigos despedem-se. Esperam na paragem do autocarro.

A gente + 3. Person Singular ist ein sehr gebräuchlicher umgangssprachlicher Ausdruck, um **nós** (wir-Form) auszudrücken. **A gente vai à festa.**

Exercício 6: Combinar. Welche der folgenden Assoziationen passen zu wem? Ordnen Sie zu!

1. [e] Rui	a) raptado
2. [ ] pai da Teresa	b) letreiro
3. [ ] advogado	c) testemunha
4. [ ] vizinho	d) chocada
5. [ ] sequestrador	e) binóculos
6. [ ] Teresa	f) meia na cabeça
7. [ ] mãe da Teresa	g) bicicleta

3 A perseguição

– Então, ainda aqui estão? – pergunta a Teresa, admirada.
– Parece que hoje não temos autocarro... está um trânsito terrível! – responde a Ana.
– Sim, é verdade. Parece que hoje está difícil.

perseguição *f*	Verfolgung
suspeitar	*hier*: ahnen
estar *irr* preso no trânsito	im Verkehr feststecken
revistar	durchsuchen
trancado	verriegelt
esperança *f*	Hoffnung

Em Cascais, depressa começam alguns engarrafamentos. Os amigos não **suspeitam** que o sequestrador e o sequestrado ainda estão perto da casa do senhor Ferreira. **Estão presos no trânsito**. O sequestrador está sentado ao lado do senhor Ferreira e **revista-o**.

– Não tens nenhum telemóvel. Nada nos bolsos. Muito bem – diz o sequestrador.

O senhor Ferreira está inquieto. As portas do carro estão **trancadas**. Olha para todos os lados. Tem **esperança** de ver alguma pessoa conhecida ou algum polícia e pedir ajuda. Mas não[i] vê ninguém, no momento.

Não steht immer direkt vor dem Verb. Kommen im Satz Indefinitpronomen wie **nada** (nichts), **ninguém** (niemand) oder die Formen von **nenhum** (keiner) vor, bildet man oftmals die doppelte Verneinung und klammert das Verb darin ein: **Ele não vê ninguém. Ele não vê nenhuma pessoa.**

– Por que estou eu aqui? – pergunta o senhor Ferreira –. O que quer? Quem é?

Um jovem, estranho e robusto, **conduz** o automóvel. Não diz nada. Ignora as perguntas do senhor Ferreira. O sequestrador continua a dominar a situação. Mas o trânsito é muito e **atrapalha** a operação de sequestro.

– Vamos por[i] esta rua, depressa – **ordena** o sequestrador.

– Mas é **sentido proibido**... – responde o jovem.

Por + Demonstrativpronomen fungiert als konkrete Ortsangabe. Aufgepasst: Bei **por + Substantiv** verschmilzt **por+o(s)** zu **pelo(s)** und **por+a(s)** zu **pela(s)**.
Ela segue pelo caminho.
Ele vai pela rua.

– Faz o que te digo! Não tenho tempo a perder. Mais rápido!

Ao fundo da rua, há uma avenida de **sentido único** e sem trânsito. Mais **adiante**, um **acidente** e têm de parar.

– **Que chatice**! – diz o sequestrador em pânico –. Hoje não é o meu dia de sorte.

O condutor **vira** à esquerda. Ali, a rua está cheia de gente que vai para a praia.

Uns metros à frente, há um **cruzamento** com semáforos. Os carros não andam. Viram à direita, depois à esquerda e continuam. O senhor Ferreira sabe que conduzem em círculo.

conduzir	fahren
atrapalhar	stören, in Gefahr bringen
ordenar	befehlen
sentido *m* proibido	entgegen der Fahrtrichtung
sentido *m* único	Einbahnstraße
adiante	vorne
acidente *m*	Unfall
ϟ que chatice!	So ein Mist!
virar	abbiegen
cruzamento *m*	Kreuzung

Exercício 7: Negação. **Formulieren Sie die Sätze mittels der doppelten Verneinung!**

1. Er weiß nichts.

   Ele não sabe nada.

2. Ich sehe niemanden.

   ____

3. Kommt heute kein Bus?

   ____

4. Er sieht keinen Polizisten.

   ____

5. Es ist gar nicht so leicht.

   ____

Nesse momento, vê a filha de bicicleta com os três amigos. Estão na paragem do autocarro. Discretamente, tenta abrir um pouco o vidro do carro. Alegra-se e pensa que pode ser uma maneira de se livrar daqueles dois desconhecidos. Ao passar pela filha chama-a.

– Teresa!

A filha reconhece a voz do pai.

– Aqui! Aqui!

– É a voz do meu pai! Vem daquele carro!

O Rui testa os binóculos.
– É verdade, é o senhor Ferreira.

A Teresa, energicamente, **persegue** o carro. De bicicleta é muito mais fácil andar nas pequenas cidades. A Teresa alegra-se. Sabe agora que o pai **está vivo**. Pedala **com força**.
"O meu pai está vivo! Não posso **perder** o carro **de vista**! Meu Deus, ajuda-me!", pensa a Teresa.
No próximo semáforo, tira uma fotografia do carro com o telemóvel. Tira outra da **matrícula**. Chama a polícia, mas tem pouco tempo. Ela está nervosíssima[i].
– Chamo-me Teresa Martins Ferreira[i]. Raptaram o meu pai, o senhor Ferreira da confeitaria em Belém. Sei onde está... no carro com a matrícula AV-41-40. Segue agora na rua do Gama. Estou de bicicleta a persegui-lo. Ai, o semáforo...
O semáforo fica verde e a Teresa continua a pedalar.

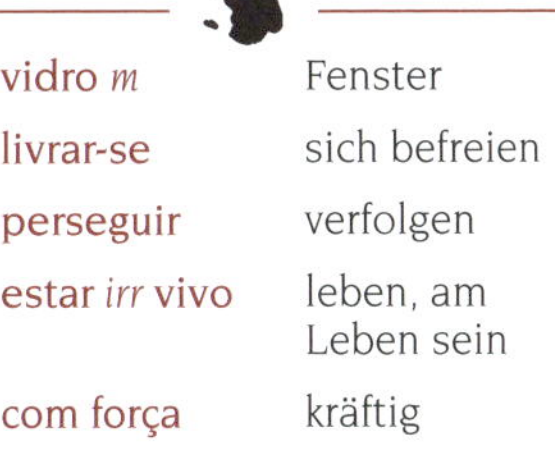

vidro *m*	Fenster
livrar-se	sich befreien
perseguir	verfolgen
estar *irr* vivo	leben, am Leben sein
com força	kräftig
perder de vista	aus den Augen verlieren
matrícula *f*	Kennzeichen, Nummernschild

Der **absolute Superlativ** wird meist durch Anhängen der Endung **-íssimo** gebildet und kann mit „sehr" oder „äußerst" übersetzt werden: **nervosíssima** - sehr nervös.

In Portugal ist es Brauch, dass der Familienname aus den Familiennamen der Mutter und des Vaters zusammengesetzt wird, wobei der der Mutter an erste Stelle und der des Vaters am Ende steht.

O sequestrador apercebe-se da rapariga. Irrita-se dentro do carro e tenta um novo caminho. Vira em direção à marginal. Nesse mesmo momento, a Teresa perde-os de vista.
– Não acredito… não os vejo… onde estão? – lamenta.

aperceber-se	bemerken
irritar-se	sich aufregen
marginal *f*	Küste
acreditar	glauben
desesperado	verzweifelt, hoffnungslos
estar *irr* aflito	aufgeregt sein

A jovem olha para um lado e para o outro, mas já não os vê. Ainda anda mais uns metros de bicicleta, mas não os encontra.
O senhor Ferreira está desesperado, pois já não vê a Teresa.
Está muito calor. O sequestrador tira a meia da cabeça. O senhor Ferreira fica[i] perplexo.
– Ah! Não acredito… não pode ser... És tu?
– Que calor! Há muito tempo que não nos vemos, não é verdade, Ferreira? – pergunta o sequestrador.

Das Verb **ficar** +Adjektiv nimmt die Bedeutung „werden" bzw. „sein" an, wenn es mit einem Adjektiv zusammen steht.

– Mas o que é que tu queres, Almeida?
O sequestrador fica nervoso, pois sabe muito bem o que quer.
– Estás a ouvir? – insiste o senhor Ferreira –. A minha mulher já está aflita, de certeza… estás a brincar ou quê?
– Já sabes o que eu quero – responde o sequestrador.
O senhor Ferreira ri.
– Se é o que eu estou a pensar, nem penses!

Exercício 8: Palavras cruzadas. Übersetzen Sie und lösen Sie das Kreuzworträtsel!

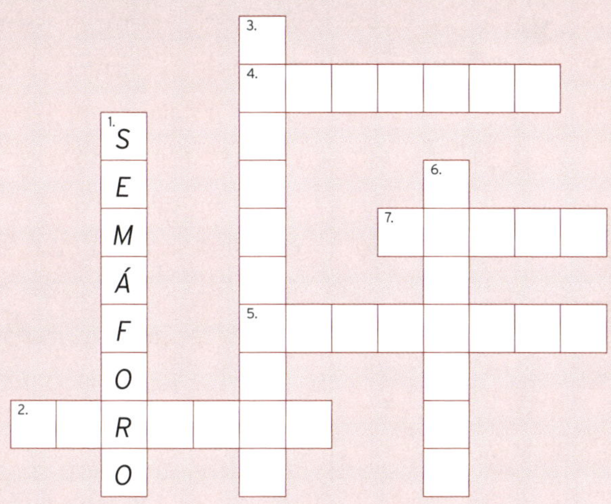

1. Ampel
2. rechts
3. Kreuzung
4. Kreisverkehr
5. links
6. Richtung
7. drehen, wenden

– Eu quero a receita.

– Que receita?

– Eu quero a receita e o segredo da receita dos pastéis, compreendes?

– Já sabes que eu nunca te vou dar a receita nem o segredo. Porque é que tu ainda insistes nisso? – responde o senhor Ferreira, furioso.

– Mas agora é diferente – responde o sequestrador.

– Diferente? Há vinte anos procuraste roubar-me a receita. Para mim é igual. Estás a perder tempo, Almeida. **Encosta** o carro e deixa-me sair. Tu agora tens a tua própria confeitaria. O que é que queres mais? Não faz sentido, isto – continua o senhor Ferreira.

encostar	anhalten
atender	bedienen
invejoso *m*	neidischer Mensch
Deixa-me em paz!	Lass mich in Ruhe!
arma *f*	Waffe
coragem *f*	Mut
ter *irr* calma	Ruhe bewahren, sich beherrschen
perder a paciência	die Geduld verlieren
não ter *irr* nada a ver com	nichts zu tun haben mit
silêncio *m*	Schweigen, Stille
ϟ nada de truques!	Keine Tricks!

– Sim, tenho a minha própria confeitaria, mas o negócio não está a correr muito bem e, por isso, quero a receita. Ou pensas que é fácil, todos os dias **atender** clientes que só querem os teus pastéis?

– Esquece! – o senhor Ferreira ri.

– Ferreira, tu não estás a compreender, pois não?

– Não há nada para compreender. Tu continuas um **invejoso**. **Deixa-me em paz**!

O sequestrador fica ainda mais irritado.

– Ferreira, tu não estás a colaborar, mas eu ajudo-te… – diz Almeida, encostando uma **arma** à cabeça do homem.

– Almeida, tu não tens **coragem**, por favor, **tem calma**…

– Já estou a **perder a paciência**, dás-me a receita ou não?

– Tem calma, por favor…

Exercício 9: Completar. **Lesen Sie weiter und ergänzen Sie die Verbformen im Präsens!**

– Calma? Olha, Ferreira, eu **1.** saber *sei* que tu **2.** ter ___________ uma filha, a Teresa. Sei onde ela **3.** estudar ___________, sei que estuda jornalismo, sei a que horas **4.** sair ___________ de casa, sei que **5.** ter ___________ amigos e sei também que **6.** ser ___________ a tua única filha... Agora tu tens calma? Então **7.** tu, ir ___________ colaborar ou não?

– A minha filha **não tem nada a ver com** a receita... E para onde **8.** nós, ir ___________? – pergunta o senhor Ferreira.

Já em Lisboa, o carro aproxima-se do Padrão dos Descobrimentos[i]. Como sempre, muitos turistas, muita gente em Belém. Faz-se silêncio. O senhor Ferreira tem uma ideia.

– Então, vamos até à minha confeitaria e lá eu dou-te a receita e o respetivo segredo como tu queres. Dou-te tudo. Mas tens de me garantir que não fazes mal à minha filha. Percebes? – pede o senhor Ferreira.

– Quero ver isso! Mas, nada de truques!

Das **Padrão dos Descobrimentos** ist ein Denkmal der Entdeckungen. Es liegt im Stadtteil Belém am Ufer des Flusses Tejo.

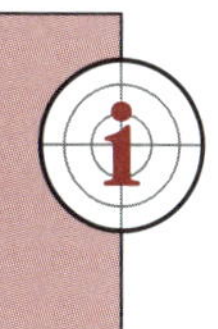

4 A receita

A Teresa volta a encontrar-se com os amigos. Está triste.

– Tem calma, Teresa. Vamos encontrar o teu pai – diz o Rui.

– **Oxalá**. A polícia já tem as fotografias do carro e da matrícula – diz a Teresa.

oxalá	hoffentlich
saudade *f*	Sehnsucht
estacionar	parken
com atenção	aufmerksam
antigamente	früher
assustado	erschrocken

Entretanto, a mãe do Rui chega a Belém. Vem do aeroporto com o marido. Ela recebe uma *sms* do filho.

– Ai que bom, estou em Belém! Em África tenho sempre muitas **saudades** de Belém. Aqui é tão bonito! – diz o marido.

– E de mim? – pergunta a mãe.

– Claro que também tenho sempre muitas saudades tuas, querida!

A mãe **estaciona** o carro em frente à confeitaria e lê a mensagem do filho **com atenção**. Vê também as fotografias do carro do sequestro e conta a terrível notícia ao pai.

Im Komparativ kann man sowohl **do que** als auch **que** verwenden. **Lisboa tem mais turistas (do) que o Porto.**

– Aqui, é agora menos tranquilo que[i] **antigamente**... – lamenta a mãe.

A caminho de casa, os pais, veem de repente, algo incrível.
– Não acredito... é o carro do sequestro, não é? – pergunta a mãe, muito assustada.
– Acho que sim – responde o pai, baixo.
– Olha, é o senhor Ferreira... o que fazemos?
– Telefona ao Rui. Eu vou avisar a polícia.
A mãe telefona ao filho.
– Estou, Rui? É a mãe. Tudo bem?
– Mais ou menos. Estamos todos juntos aqui em casa da Teresa.
– Filho, o carro do sequestro está aqui, nas traseiras da confeitaria.
– Como? Tens a certeza?
– Sim. Só o senhor Ferreira e o sequestrador saem do carro e entram na confeitaria... Agora fecham a porta. O condutor permanece sentado no carro. Parece cobrir o sequestro. Não sei o que se passa...
– Mãe, tem calma!
– Bom. Já avisei a polícia. Vai correr tudo bem.
– Obrigado, mãe.
– Avisa a Teresa.
– Sim, claro.
– Beijos, filho. E qualquer coisa, estou por aqui.
– Sentamo-nos[i] aqui – diz o pai do Rui. Os pais do Rui sentam-se num banco. Assim, podem observar melhor o que se passa. Já dentro da confeitaria, o sequestrador olha para todos os lados,

Beim reflexiven Verb in der 1. Person Plural entfällt die Endung **-s**, wenn das Reflexivpronomen dem Verb nachgestellt und durch einen Bindestrich mit ihm verbunden ist: **Sentamo-nos aqui.**

de arma em punho. O senhor Ferreira quer chegar ao escritório rapidamente para dar o sinal de alarme.

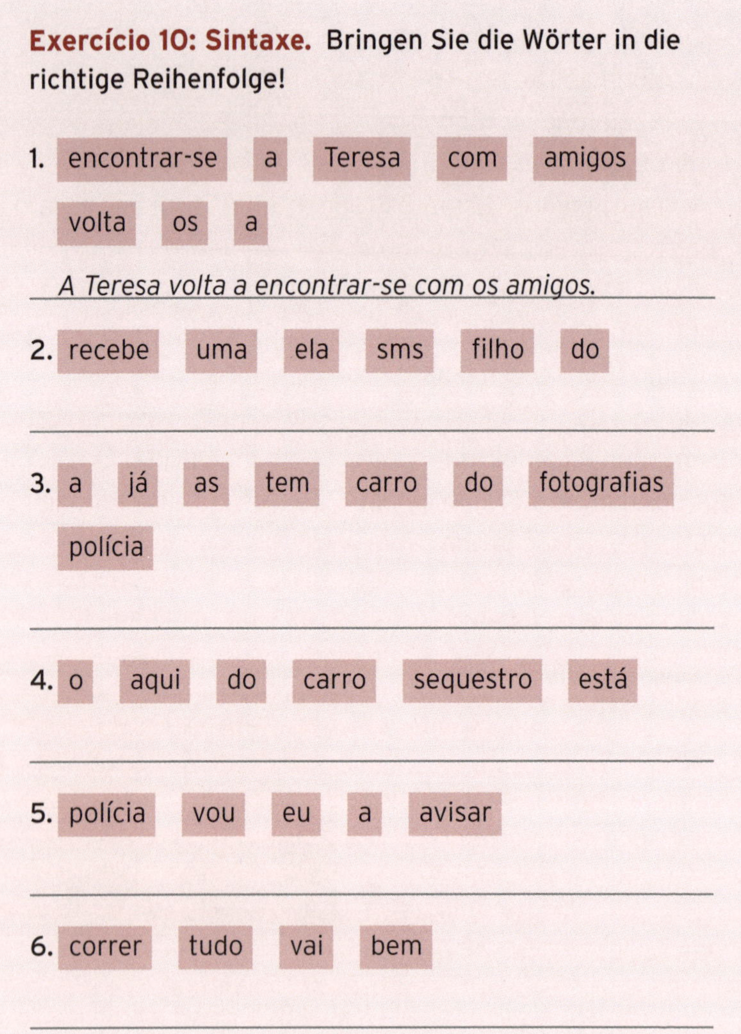

Exercício 10: Sintaxe. Bringen Sie die Wörter in die richtige Reihenfolge!

1. encontrar-se | a | Teresa | com | amigos | volta | os | a

   A Teresa volta a encontrar-se com os amigos.

2. recebe | uma | ela | sms | filho | do

   ______

3. a | já | as | tem | carro | do | fotografias | polícia

   ______

4. o | aqui | do | carro | sequestro | está

   ______

5. polícia | vou | eu | a | avisar

   ______

6. correr | tudo | vai | bem

   ______

– Onde pensas que vais, Ferreira? **Desativa** o alarme da loja, primeiro! Vamos! Eu ainda me lembro do caminho. E não te esqueças que eu sei que só tens uma filha! Vamos, **despacha-te**!

O senhor Ferreira faz o que Almeida diz. Só pensa na filha. Sabe que o homem não é de confiança e **teme pela** vida da Teresa. Mil ideias vêm-lhe à cabeça. A mulher, a filha, os empregados, a confeitaria... uma vida de trabalho que agora parece chegar ao fim... Mas tem esperança de que tudo vai correr bem.

– Despacha-te, Ferreira! Não tenho tempo a perder! E não precisas de **acender as luzes**...

ϟ de arma em punho	mit gezückter Waffe
escritório *m*	Büro
desativar	deaktivieren, abschalten
ϟ despacha-te!	Nun mach schon!
temer por	fürchten um
perder	verlieren
acender as luzes	das Licht anschalten
esquadra *f*	Polizeirevier
armado	bewaffnet
cúmplice *m*	Komplize, Mittäter
cercar	absperren
passagem *f* secreta	*hier*: Hintereingang

Na **esquadra**, o comissário organiza uma equipa especializada em sequestros.

– Caros agentes, tudo o que sabemos desta ocorrência é que neste momento o senhor Ferreira está dentro da confeitaria, com o eventual sequestrador. Não sabemos se está **armado**, nem o que quer. O **cúmplice** está dentro do carro, nas traseiras. Vamos **cercar** o edifício e entrar por uma **passagem secreta** ao lado. Perguntas?

Passado pouco tempo, a equipa cerca o edifício e localiza o sequestrador e o senhor Ferreira. Escutam a conversa entre ambos.

– Muito bem, Ferreira. Agora estamos só nós os dois. Onde está a receita? No cofre?

– Não existe nenhum cofre. A verdade é que eu não te posso dar a receita… – diz o senhor Ferreira.

– O quê? Ferreira, estás a brincar comigo (i)?

– Não. Eu não te posso dar a receita porque a receita não existe. Não há nenhuma receita escrita. Ela está gravada na minha memória.

– Vamos para o escritório e lá vais escrever-me a receita! Despacha-te e repito: nada de truques! – Almeida fica impaciente.

Até ao escritório é um longo caminho. Ambos percorrem as salas e as cozinhas da loja, em silêncio e às escuras. O escritório é um compartimento bonito, com duas grandes janelas viradas para o Tejo. Entre elas uma *chaise longue* onde às vezes o senhor Ferreira faz uma sesta. Do lado direito, há uma grande estante cheia de livros de co-

Die Präposition **com** verschmilzt mit einigen Pronomen: mit mir **comigo**, mit dir **contigo**, mit Ihnen **com o senhor/com a senhora/consigo**, mit ihm/ihr **com ele/com ela**, mit uns **connosco**, mit euch **com vocês**, mit Ihnen **convosco/com os senhores/com as senhoras**, mit ihnen **com eles/com elas**.

cofre *m*	Tresor
gravado	gespeichert, eingeprägt
impaciente	ungeduldig
percorrer	gehen durch, durchqueren
às escuras	im Dunkeln
sesta *f*	Mittagsschlaf
estante *f*	Regal

zinha. Do lado esquerdo, há uma secretária antiga, em estilo colonial, duas cadeiras, um quadro a óleo e vários prémios. Alguns pratos pintados à mão e azulejos também decoram as paredes.

– Vamos, Ferreira!

O senhor Ferreira procura numa gaveta da secretária uma folha de papel e uma caneta. Senta-se e começa a escrever.

"A receita original dos pastéis de Belém.

Para 100 pastéis

3 kg de massa folhada, 2,5 l de leite, 300 g de farinha de trigo, 26 ovos, 1,5 kg de açúcar, 2 limões, 500 ml de água, 1,5 l de natas, 2 paus de canela, uma pitada de sal, uma pitada de baunilha, uma colher de sopa de manteiga..."

quadro *m* a óleo	Ölgemälde
prémio *m*	Preis
pintado à mão	handbemalt
azulejo *m*	Fliese, Kachel
gaveta *f*	Schublade
massa *f* folhada	Blätterteig
farinha *f* de trigo	Weizenmehl
nata(s) *f* (*pl*)	Sahne
pau *m* de canela	Zimtstange
pitada *f*	Prise
baunilha *f*	Vanille
colher *f* de sopa	Esslöffel
sonhar com	träumen von
quieto!	Keine Bewegung!

Enquanto o senhor Ferreira escreve a receita, Almeida deita-se na *chaise longue*. Pensa que a situação está sob controle e que, em breve, tem a receita dos pastéis nas suas mãos. Pousa a arma ao lado. Sonha já com o lucro que a receita lhe vai dar...

– Quieto! Polícia!

A polícia aproveita o momento. Em segundos, entra no escritório e prende o sequestrador.

Exercício 11: Sopa de letras. **Finden Sie im Gitterrätsel fünf Zutaten für die Pastéis de Belém!**

A	Ç	N	C	R	I	A	N	F
I	S	A	Y	T	E	R	I	A
S	I	T	A	Ç	Ú	C	A	R
B	E	A	T	A	E	D	M	I
R	F	S	O	R	I	E	A	N
U	L	I	M	Ã	O	J	N	H
B	D	L	E	O	V	A	T	A
L	E	I	T	E	I	N	D	I

O senhor Ferreira nem acredita. Entra em choque com tantas emoções numa só manhã e desmaia. Só recupera os sentidos com o abraço da esposa e da filha que, felizes, vão ao seu encontro.

– Foi por um triz, querida! – diz o senhor Ferreira à mulher e à filha.

– Sim, mas, graças a Deus, agora está tudo bem, pai!

O comissário e os agentes encaminham o sequestrador para a esquadra.

– Ó Almeida, queres a receita? E que tal esta, aqui, espertinho? – pergunta, ironicamente, o senhor Ferreira.

Almeida está furioso, mas não responde.

Der Vokativ **ó** wird auf Portugiesisch sehr häufig gebraucht, um eine Konversation zu beginnen oder um jemanden zu rufen. **Ó Rui, gostas de Lisboa?/Ó Teresa, vem cá!**

O senhor Ferreira deixa a receita sobre a mesa. Entretanto, o Rui, o Pedro e a Ana aproximam-se dele para o cumprimentar. Estão contentes. Os pais do Rui também se aproximam (i).

– Parabéns, filho! Feliz aniversário.

– Pai, tu aqui? Que surpresa boa! Obrigado!

desmaiar	ohnmächtig werden
recuperar os sentidos	wieder zu sich kommen
ϟ por um triz	um ein Haar

Normalerweise ist das Reflexivpronomen an das Verb angeschlossen. Wenn es aber im Satz ein Adverb gibt, muss das Refelxivpronomen vor dem Verb stehen. **Ele chama-se Rui./Ele também se chama Rui.**

Exercício 12: Caracol de palavras. **Füllen Sie die Wortspirale! Der letzte Buchstabe des einen Wortes ist zugleich der Anfangsbuchstabe des nächsten Wortes.**

1 M	2 E	3 S	4 A	5	6	7
22	23	24	25	26	27	8
21	36	37	38	39	28	9
20	35	42	41	40	29	10
19	34	33	32	31	30	11
18	17	16	15	14	13	12

1–4: Tisch

4–11: Rechtsanwalt

11–20: Vorfall, Ereignis

20–23: Waffe

23–28: Freunde

28–36: Entführung

36–42: zwingen

O Rui descobre a folha, sobre a mesa.

– Ai, que belo presente de aniversário! A receita original dos pastéis de nata! Nem acredito!

– É falsa, a receita! – diz-lhe ao ouvido o senhor Ferreira.

O Rui ri.

– Claro, a receita é um segredo… – diz o Rui e deixa a folha, novamente, sobre a mesa.

Teste final

Soluções

Glossário

Tabela de exercícios

Teste final

Exercício 1: Erros. Korrigieren Sie sechs inhaltliche, grammatikalische sowie Rechtschreibfehler aus dem ersten Kapitel „Surpresa na gruta“!

1. Aproxima-se o inverno.

____

2. Antes do trabalho, José Carlos vai dar uma volta de barco.

____

3. O seu cão não o acompanha.

____

4. A maré é baixa.

____

5. Os grutas são grandes.

____

6. A paisagem e macabra.

____

Exercício 2: Contrários. Ergänzen Sie das Gegenteil!

1. antigo ____________________
2. bem ____________________
3. chegar ____________________
4. entrar ____________________
5. muito ____________________
6. rico ____________________
7. antes ____________________

Exercício 3: Ovelha negra. Welches Wort ist das „schwarze Schaf"? Unterstreichen Sie!

1. rosnar estar atento gritar ladrar
2. hospital cabeça médico praia
3. está foi diz vai
4. escola alunos bolos professora
5. irmã pai sobrinho jardim
6. lento impaciente inquieto nervoso
7. dinheiro luxo malvado rico
8. hoje ainda amanhã ontem

Exercício 4: Plural. Ergänzen Sie den bestimmten Artikel und bilden Sie den Plural!

1. nação ______________________
2. ponte ______________________
3. margem ______________________
4. acidente ______________________
5. organização ______________________
6. animal ______________________
7. país ______________________

Exercício 5: Verdadeiro ou falso? Beantworten Sie die Fragen richtig und finden Sie das Lösungswort!

	v	f
1. Filipa e João são como a noite e o dia.	f	c
2. João morre no Parque das Nações.	h	l
3. Os irmãos bebem demais.	o	e
4. António tem culpa do acidente.	m	r
5. Filipa puxa o António.	i	a
6. João cai no Tejo.	s	r

Lösung: _ _ _ _ _ _

Exercício 6: Sopa de letras. Übersetzen Sie die nebenstehenden Begriffe und finden Sie sie im Gitterrätsel!

P	E	T	I	S	C	O	R	A
U	Y	E	N	U	T	L	O	S
R	L	I	S	B	O	A	Y	M
Z	E	T	P	Ã	R	I	D	O
A	C	R	E	D	I	T	A	R
J	I	I	T	E	W	Y	F	T
U	N	S	O	G	Â	N	R	E
D	A	T	R	I	V	A	I	S
A	V	E	A	H	J	I	O	L

Fluss
glauben
Häppchen
Hilfe
Inspektorin
Lissabon
Rivalen
Tod
traurig

Exercício 7: Completar. Ergänzen Sie die Verbformen!

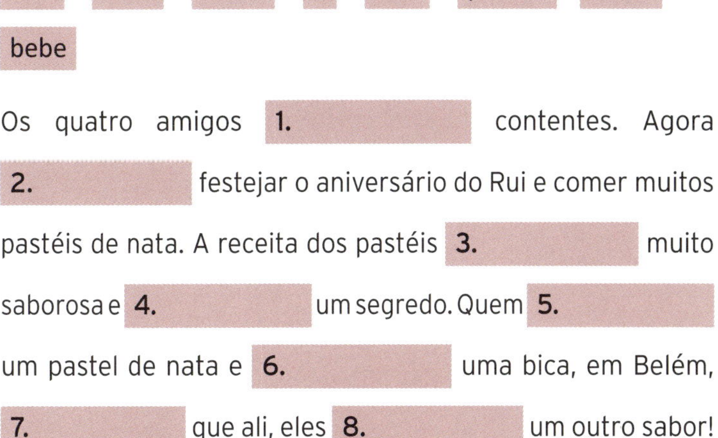

têm sabe come é tem podem estão bebe

Os quatro amigos **1.** ______ contentes. Agora **2.** ______ festejar o aniversário do Rui e comer muitos pastéis de nata. A receita dos pastéis **3.** ______ muito saborosa e **4.** ______ um segredo. Quem **5.** ______ um pastel de nata e **6.** ______ uma bica, em Belém, **7.** ______ que ali, eles **8.** ______ um outro sabor!

Exercício 8: Palavra escondida. Übersetzen Sie und enträtseln Sie das Lösungswort!

1. Kuchen _ _ □ _ _ _
2. Milch _ □ _ _ _
3. köstlich _ _ _ _ □ _ _ _ _
4. Gedächtnis _ _ _ _ □ _ _
5. Konditorei _ _ _ _ □ _ _ _ _ _ _
6. Rezept _ _ _ _ _ □ _
7. Küche _ □ _ _ _ _ _

Lösung: □□□□□□□

Exercício 9: Responder. Beantworten Sie die Fragen!

1. Quem é o senhor Ferreira?

____

____

2. Quem sequestra o senhor Ferreira?

____

3. Porquê?

____

____

Soluções

Surpresa na gruta

Exercício 1: **1.** ele/ela/você **2.** eles/elas/vocês **3.** ele/ela/você **4.** eles/elas/vocês **5.** ele/ela/você **6.** eu

Exercício 2: **1.** Ele toca na mão do rapaz. **2.** Em Lagos há pouca gente de férias./Há pouca gente de férias em Lagos. **3.** Eles partem de Lagos em direção a Sagres. **4.** Eles passam por várias grutas. **5.** Ele faz muitas perguntas. **6.** Às sete horas a praia está deserta./ A praia está deserta às sete horas.

Exercício 3: **1.** cão **2.** carro **3.** maravilhoso **4.** sentar-se **5.** agora **6.** reagiu

Exercício 4: **1.** falso (A "Quinta do Olival" é perto da gruta/de Lagos.) **2.** falso (A piscina fica atrás da casa.) **3.** verdadeiro **4.** falso (A empregada chama-se Isabel.) **5.** verdadeiro **6.** falso (O Miguel tem dezoito anos.)

Exercício 5: **1.** A minha esposa volta depois de amanhã. **2.** Ele senta-se. **3.** O cão levanta-se. **4.** O senhor Pinto é o tio do Miguel. **5.** Ele tem muitos empregados.

Exercício 6: **1.** jardim **2.** árvore **3.** jardineiro **4.** arbusto **5.** palmeira **6.** quinta

Exercício 7: **1.** encontrei **2.** encontrou **3.** raptou **4.** jantei **5.** fui

Exercício 8: **1.** o **2.** a **3.** o **4.** a **5.** a **6.** o

Exercício 9: **1.** vou **2.** podes **3.** tenho **4.** chego **5.** Prometo **6.** posso **7.** ajuda

Exercício 10: **1.** Onde (é que) fica o quarto? **2.** Como (é que você) se chama? **3.** Você é turista? **4.** Quem é o seu tio? **5.** Onde (é que) moram a sua tia e o seu tio?/Onde é que a sua tia e o seu tio moram? **6.** O que (é que) o homem quer?

Exercício 11: **1.** a **2.** g **3.** e **4.** n **5.** t **6.** e

Lösung: agente

Exercício 12: **1.** de **2.** para **3.** na **4.** para **5.** da **6.** de/no

Exercício 13: **1.** pescadores **2.** homens **3.** bicicletas **4.** discussões **5.** direções **6.** barcos

Exercício 14: **1.** e **2.** b **3.** d **4.** c **5.** f **6.** a

Morte no Tejo

Exercício 1: **1.** f **2.** e **3.** a **4.** c **5.** b **6.** d

Exercício 2: **1.** verdadeiro **2.** verdadeiro **3.** falso (André é arquiteto.) **4.** falso (Fazem uma viagem no teleférico.) **5.** verdadeiro **6.** verdadeiro

Exercício 3: **1.** é **2.** tenho **3.** mora **4.** tem **5.** É **6.** ganha **7.** ajuda

Exercício 4: **1.** divorciado **2.** desportista **3.** alegre **4.** saudável **5.** feliz **6.** jovem

Exercício 5: **1.** A areia da praia está escaldante. **2.** O sol de Cabo Verde é forte. **3.** Não se vê quase ninguém. **4.** As ondas são boas. **5.** Eles estão no intervalo do almoço. **6.** O tema é sério.

Exercício 6: **horizontal:** construir, hotéis

vertical: destruir, natureza, prédios, poluição

Exercício 7: **1.** Eles pensam em quê?/Em que é que eles pensam? **2.** Vocês são estudantes de quê?/ De que é que vocês são estudantes? **3.** Você está de acordo? **4.** Em Cabo Verde chove muito? **5.** Quem é a Liliana?

Exercício 8: **1.** verdadeiro **2.** falso (Há muitas praias na ilha, mas muitas poluídas.) **3.** verdadeiro **4.** verdadeiro **5.** verdadeiro **6.** falso (João não concorda com o seu irmão. Luta pela defesa do meio ambiente.)

Exercício 9: **1.** dia **2.** longe **3.** morte **4.** vitória **5.** ganhar **6.** muito **7.** novo

Lösung: António

Exercício 10: **1.** somos **2.** tomam **3.** bebemos **4.** bebem **5.** é **6.** estão **7.** rimos

Exercício 11: **1.** verdadeiro **2.** verdadeiro **3.** falso (António bebe demais.) **4.** falso (Não, António não se lembra de tudo.) **5.** verdadeiro **6.** falso (Veste-o, mas não é dele. Veste o casaco do João.)

Exercício 12: **1.** castanho **2.** azuis **3.** Verde **4.** preto **5.** branco

Exercício 13: **1.** Ela fala lentamente e muito baixo. **2.** Eles conhecem-se há mais de três anos. **3.** Não, eles também são namorados. **4.** Ela trabalha como guia turística. **5.** Em Cabo Verde ela trabalha na área da proteção das tartarugas marítimas.

Exercício 14: **1.** Nós lutamos com muitas dificuldades. **2.** O trabalho não é fácil. **3.** Os ricos enriquecem ainda mais. **4.** Eles querem construir um hotel. **5.** Eles têm culpa de tudo. **6.** A destruição da natureza é um problema.

Exercício 15: **1.** c **2.** a **3.** f **4.** e **5.** d **6.** b

Sequestro em Belém

Exercício 1: **1.** d **2.** f **3.** c **4.** g **5.** a **6.** e **7.** b

Exercício 2: **1.** bica **2.** galão **3.** cerveja **4.** água **5.** vinho **6.** chocolate

Exercício 3: **1.** d **2.** c **3.** e **4.** a **5.** f **6.** b

Exercício 4: **1.** os turistas **2.** os amigos **3.** os portugueses **4.** os espanhóis **5.** os jovens **6.** as clientes **7.** os chefes

Exercício 5: **1.** falso (Sequestraram o pai da Teresa.) **2.** falso (Os três amigos vão de carro a casa da Teresa.) **3.** verdadeiro **4.** falso (A mãe do Rui vai ao aeroporto buscar o marido.) **5.** verdadeiro **6.** verdadeiro

Exercício 6: **1.** e **2.** a **3.** b **4.** c **5.** f **6.** g **7.** d

Exercício 7: **1.** Ele não sabe nada. **2.** Eu não vejo ninguém. **3.** Hoje não vem nenhum autocarro? **4.** Ele não vê nenhum polícia. **5.** Não é nada fácil.

Exercício 8: **1.** semáforo **2.** direita **3.** cruzamento **4.** rotunda **5.** esquerda **6.** direção **7.** virar

Exercício 9: **1.** sei **2.** tens **3.** estuda **4.** sai **5.** tem **6.** é **7.** vais **8.** vamos

Exercício 10: **1.** A Teresa volta a encontrar-se com os amigos. **2.** Ela recebe uma sms do filho. **3.** A polícia já tem as fotografias do carro. **4.** O carro do sequestro está aqui. **5.** Eu vou avisar a polícia. **6.** Vai correr tudo bem./Tudo vai correr bem.

Exercício 11: **horizontal:** açúcar, limão, leite

vertical: farinha, natas

Exercício 12: **1–4** mesa, **4–11** advogado, **11–20** ocorrência, **20–23** arma, **23–28** amigos, **28–36** sequestro, **36–42** obrigar

Teste final

Exercício 1: **1.** Aproxima-se o outono. **2.** Depois do trabalho, José Carlos vai dar uma volta de barco. **3.** O seu cão acompanha-o. **4.** A maré está baixa. **5.** As grutas são grandes. **6.** A paisagem é encantadora.

Exercício 2: **1.** moderno **2.** mal **3.** partir **4.** sair **5.** pouco **6.** pobre **7.** depois

Exercício 3: **1.** gritar **2.** praia **3.** foi **4.** bolos **5.** jardim **6.** lento **7.** malvado **8.** ainda

Exercício 4: **1.** as nações **2.** as pontes **3.** as margens **4.** os acidentes **5.** as organizações **6.** os animais **7.** os países

Exercício 5: **1.** falso (António e João são como a noite e o dia.) **2.** verdadeiro **3.** verdadeiro **4.** falso (Filipa tem culpa.) **5.** falso (Filipa empurra António. Só depois repara que não é António, mas sim João.) **6.** falso (João cai no chão. Depois Filipa atira-o para o Tejo.)

Lösung: chorar

Exercício 6: **horizontal:** petisco, Lisboa, acreditar, rivais
vertical: ajuda, triste, inspetora, rio, morte

Exercício 7 : **1.** estão **2.** podem **3.** é **4.** tem **5.** come **6.** bebe **7.** sabe **8.** têm

Exercício 8: **1.** pastel **2.** leite **3.** delicioso **4.** memória **5.** confeitaria **6.** receita **7.** cozinha

Lösung: secreto

Exercício 9: **1.** O senhor Ferreira é o pai da Teresa e o dono da confeitaria em Belém. É o único que sabe a receita original dos pastéis de nata. **2.** O Almeida, um antigo funcionário do senhor Ferreira. **3.** O Almeida é um invejoso e, como o seu negócio corre mal, quer a receita original dos pastéis de nata.

Glossário

ϟ = umgangssprachlich
f = feminin
m = maskulin
pl = Plural
Inf = Infinitiv
irr = unregelmäßiges Verb
PPS = Pretérito Perfeito Simples

à beira-rio	am Flussufer
à entrada	am Eingang
a partir de	ab, von ... an
a toda a pressa	schnellstens, in aller Eile
abandonar	*hier*: aufgeben
abraçado	*hier*: Arm in Arm
abraço *m*	Umarmung
acender as luzes	das Licht anschalten
acesso *m*	Zugang
achar	glauben, denken
achar graça	lustig finden
acidente *m*	Unfall
acontecer	geschehen, passieren
acreditar	glauben
acrescentar	hinzufügen
adiante	vorne
adivinhar	erraten
adorar	lieben, mögen
adormecer	einschlafen
advogado *m*	Rechtsanwalt
afastar-se	sich entfernen
aflição *f*	Aufregung
aflito	sehr aufgeregt
aguardar	warten, abwarten
alegre	*hier*: angeheitert, beschwipst
além disso	außerdem
algodão *m*	Baumwolle
alugar	leihen, ausleihen
andar	gehen
antigamente	früher

apanhado	erwischt
apanhar	(Verkehrsmittel) nehmen
aparecer	*hier*: auftauchen
aperceber-se	bemerken
apoio *m*	Unterstützung
apresentar	darstellen
apressar-se	sich beeilen
aproveitar	nutzen, sich zunutze machen
aproximar-se	sich nähern
ϟ aqui há gato!	Hier stimmt was nicht!
arbusto *m*	Strauch
areia *f*	Sand
arma *f*	Waffe
armado	bewaffnet
arranjar	besorgen
às escuras	im Dunkeln
assassino *m*	Mörder
assim	so
assunto *m*	Sache, Angelegenheit
assustado	erschrocken
até	*hier*: sogar
atender	bedienen
atirar alguém	jmdn. hineinwerfen
atrapalhar	stören, in Gefahr bringen
aumentar	steigen, zunehmen
ave *f*	Vogel
azulejo *m*	Fliese, Kachel
bacalhau *m*	Stockfisch
bater	schlagen
baunilha *f*	Vanille
bêbedo	betrunken
beijinho *m*	Küsschen
bem cuidado	gut gepflegt
bem disposto	gut gelaunt
bengaleiro *m*	Garderobe
bica *f*	Espresso
binóculos *m pl*	Fernglas
boleia *f*	Mitfahrgelegenheit
bolo *m*	Kuchen
bolso *m*	Tasche
brigar	streiten, kämpfen
brilhar	glitzern
brincar	spielen
brindar	anstoßen
cabedal *m*	Leder
cair	hinfallen
calças *f pl* de ganga	Jeanshose
calmante *m*	Beruhigungsmittel
caminho *m* de regresso	Rückweg
captura *f*	Fang

cartão *m* de cidadão	Personalausweis
caso *m*	Fall
cedo	früh
centro *m* de investigações	Forschungszentrum
cercar	absperren
certamente	sicher
céu *m*	Himmel
chão *m*	Boden
cheio	voll
chorar	weinen
chover	regnen
chuva *f*	Regen
ciúme *m*	Eifersucht
cobiçado	begehrt
cofre *m*	Tresor
colher *f* de sopa	Esslöffel
com atenção	aufmerksam
com certeza	mit Sicherheit
com cuidado	vorsichtig
com força	kräftig
com gosto	gerne
combinado	abgemacht
comportamento *m*	Verhalten
comprimido *m*	Tablette
concordar com	einverstanden sein mit
condição *f*	Bedingung
conduzir	fahren
confeitaria *f*	Konditorei
confiar em alguém	jmdm. vertrauen
confirmar	bestätigen
conseguir *irr*	können, schaffen
conta *f*	Rechnung
contar (a alguém)	(jmdm.) erzählen
conversar	sich unterhalten
convicção *f*	Überzeugung
convite *m*	Einladung
cor *f*	Farbe
coragem *f*	Mut
corpo *m*	Körper
correr	laufen, rennen
correr bem	gut laufen, glattgehen
costumar + *Inf.*	etw. zu tun pflegen
criança *f*	Kind
criar	*hier*: schaffen
cruzamento *m*	Kreuzung
culpa *f*	Schuld
culpado *m*	Schuldiger
cúmplice *m*	Komplize, Mittäter
cumprimentar	begrüßen
cunhado/a *m/f*	Schwager/Schwägerin

curioso	neugierig
da mesma altura	gleich groß
dar *irr* os parabéns a alguém	jmdn. beglückwünschen
dar *irr* uma volta	eine Runde drehen
dar *irr* voltas	sich wälzen
ϟ de arma em punho	mit gezückter Waffe
de certeza	sicher, sicherlich
de luxo	Luxus..., Nobel...
de propósito	absichtlich
de repente	plötzlich
de súbito	plötzlich
defender	schützen
defensor *m*	*hier*: Umweltschützer
Deixa-me em paz!	Lass mich in Ruhe!
deixar	lassen
demais	zu viel
denunciar	anzeigen
derrota *f*	Niederlage
desafio *m*	Herausforderung
desativar	deaktivieren, abschalten
descobrir *irr*	herausfinden, entdecken
desde quando	seit wann
desembrulhar	auspacken
desesperado	verzweifelt, hoffnungslos
desistir	aufgeben
desligar	ausmachen, abstellen
desmaiar	ohnmächtig werden
ϟ despacha-te!	Nun mach schon!
despedir-se	sich verabschieden
destruir	zerstören
devagar	langsam
dia *m* de folga	Ruhetag, freier Tag
dirigir-se	sich wenden an
divertir-se	Spaß haben
dívidas *f pl*	Schulden
divorciado	geschieden
educação *f*	*hier*: Bildung
em troca de	im Tausch gegen/für
empregada *f* doméstica	Hausangestellte
empregado *m*	Kellner
empurrar	(weg)schubsen
encontrar	finden
encontro *m*	Begegnung, Treffen; Treffpunkt
encostar	anhalten
engarrafamento *m*	Verkehrsstau
engenheiro *m* de construção civil	Bauingenieur
engordar	zunehmen, dick werden
enigma *m*	Rätsel
enriquecer	reich(er) werden
entregar-lhe	ihm/ihr/Ihnen abgeben

entretanto	inzwischen
equívoco *m*	Verwechslung
escadas *f pl*	Treppe
escaldante	glühend heiß
escapar	entkommen
esclarecer	erklären
esconder	verheimlichen, verschleiern
escritório *m*	Büro
escurecer	dunkel werden
esperança *f*	Hoffnung
esperar por	warten auf
espionar	spionieren
esquadra *f* (da polícia)	Polizeirevier
esquecer-se	vergessen
estacionar	parken
estante *f*	Regal
estar *irr* aflito	aufgeregt sein
estar *irr* deitado	liegen
estar *irr* ferido	verletzt sein
estar *irr* preso	gefangen sein
estar *irr* preso no trânsito	im Verkehr feststecken
estar *irr* vivo	leben, am Leben sein
estatura *f*	Größe, Statur
estranho	eigenartig
exagerar	übertreiben
exaltado	aufgeregt
exclamar	ausrufen
explicar	erklären
falta *f*	Mangel
faltar	fehlen
faltar às aulas	im Unterricht fehlen
farinha *f* de trigo	Weizenmehl
fazer *irr* anos	Geburtstag haben
fazer *irr* mal a alguém	jmdm. etw. zuleide tun
ferimento *m*	Verletzung
filho *m* único	Einzelkind
fino	fein
foi *PPS von* ser *irr*	ist gewesen
folha *f*	Blatt
formiga *f*	Ameise
fugir	fliehen, flüchten
fui *PPS von* ir *irr*	ich bin gegangen
fumar	rauchen
funcionário *m*	Angestellter
fundos *m pl* financeiros	finanzielle Mittel
gaivota *f*	Möwe
galão *m*	Milchkaffee
ganhar	verdienen
gastar	ausgeben
gaveta *f*	Schublade

gelado *m*	Eis
gémeos *m pl*	Zwillinge
gerência *f*	Geschäftsführung
gorjeta *f*	Trinkgeld
gostar dele/dela	ihn/sie mögen
gostaria de	ich möchte gerne
gravado	gespeichert, eingeprägt
gruta *f*	Grotte
guia *m/f* turístico/a	Stadtführer(in)
herdar	erben
hipótese *f*	Chance, Möglichkeit
homicídio *m*	Mord
idoso *m*	Senior, alter Herr
imediatamente	sofort
impaciente	ungeduldig
inacreditável	unglaublich
incrível	unglaublich
inesperado	unerwartet
infelizmente	leider
ingénuo	naiv
iniciador *m*	Initiator, Begründer
iniciar	beginnen
inimigo *m*	Feind
injeção *f*	Injektion, Spritze
insistir	beharren
interdito	verboten
interrogar	befragen
intervalo *m* do almoço	Mittagspause
inveja *f*	Neid
invejoso *m*	neidischer Mensch
investigação *f*	Ermittlung
ir *irr* a caminho	auf dem Weg sein
irritar-se	sich aufregen
ISN *m* (Instituto de Socorros a Náufragos)	Seenotrettung
jardineiro *m*	Gärtner
Junta *f* de Freguesia	Gemeinderat
lado *m* esquerdo	linke Seite
ladrar	bellen
lanchar	eine Kleinigkeit essen
lanche *m*	Imbiss
lembrar-se	sich erinnern
letreiro *m*	Schild
levantar	*hier*: sich auflösen
levar	hinbringen
lisboeta	aus Lissabon
livrar-se	sich befreien
lixo *m*	Müll
logo	gleich
lutar por	kämpfen um/für

mais ou menos	mehr oder weniger
mais velho	älter
ϟ malandro *m*	Schlawiner
maluco *m*	Verrückter
malvado *m*	böser Mensch, Verbrecher
maré *f* (~ baixa)	Gezeiten (Ebbe)
margem *f*	Ufer
marginal *f*	Küste
marina *f*	kleiner Hafen, Anlegestelle
massa *f* folhada	Blätterteig
matar	töten
matrícula *f*	Kennzeichen, Nummernschild
meia-noite *f*	Mitternacht
meio *m*	Mitte
meio ambiente *m*	Umwelt
mexer-se	sich bewegen
mochila *f*	Rucksack
montra *f*	Schaufenster
mudar de ideias	die Meinung ändern
ϟ nada de truques!	Keine Tricks!
nadar	schwimmen
namorar	zusammen sein (Paar)
não faz mal	macht nichts
não ter *irr* nada a ver com	nichts zu tun haben mit
nata(s) *f* (*pl*)	Sahne
natural de	gebürtig aus
negócio *m* de família	Familienunternehmen
nem	nicht einmal
nevoeiro *m*	Nebel
obrigação *f*	Verpflichtung
obrigar alguém	jmdn. zwingen
observar	beobachten, betrachten, begutachten
ocorrência *f*	Vorfall, Ereignis
óculos *m pl* de sol	Sonnenbrille
odiar	hassen
ombro *m*	Schulter
onda *f*	Welle
ora	nun, also
ordenar	befehlen
oxalá	hoffentlich
pagar	bezahlen
paixão *f*	Leidenschaft
para brincar	zum/aus Spaß
parabéns!	Glückwunsch!
parado	*hier*: unbewegt, starr
paragem *f*	Haltestelle
parecer	aussehen (wie)
parecido	ähnlich
parente *m/f*	Verwandte(r)
participar	anzeigen

passagem *f* secreta	*hier:* Hintereingang
passar por lá	dort vorbeikommen
pau *m* de canela	Zimtstange
pequeno-almoço *m*	Frühstück
perceber	merken, wahrnehmen
percorrer	gehen durch, durchqueren
perdão *m*	Verzeihung
perder	verlieren
perder a paciência	die Geduld verlieren
perder de vista	aus den Augen verlieren
perigo *m* de vida	Lebensgefahr
perseguição *f*	Verfolgung
perseguir	verfolgen
petisco *m*	Häppchen, Snack
pintado à mão	handbemalt
piso *m*	Stockwerk
pitada *f*	Prise
pois é	das stimmt, so ist es
Polícia *f* Judiciária	Kriminalpolizei
Polícia *f* Marítima	Wasserschutzpolizei
poluição *f*	Verschmutzung
poluído	verschmutzt
pôr *irr*	legen, setzen, stellen
por acaso	durch Zufall, zufällig
por isso	deswegen
⚡ por um triz	um ein Haar
portão *m*	Tor
postos *m pl* de trabalho	Arbeitsplätze
prazer *m*	Vergnügen
prédio *m*	Gebäude
preferir *irr*	bevorzugen, vorziehen
prémio *m*	Preis
presente *m*	Geschenk
puxar	ziehen, zerren
quadro *m* a óleo	Ölgemälde
⚡ que chatice!	So ein Mist!
que desgraça!	Was für ein Unglück!
queda *f*	Sturz
quieto!	Keine Bewegung!
quinta *f*	Landgut
raptado	entführt
raptar	entführen
raro	selten
receita *f*	Rezept
recuperar os sentidos	wieder zu sich kommen
recusar	ablehnen
rede *f*	Fischernetz
refrescante	erfrischend
relação *f*	Beziehung
resolver	beschließen

respirar	atmen
responsável por	verantwortlich für
reunião *f*	Treffen, Sitzung
revistar	durchsuchen
rir *irr*	lachen
rocha *f*	Fels
rochedo *m*	Felsen
rosnar	knurren
rotunda *f*	Kreisverkehr
roubar	stehlen
saboroso	schmackhaft
saída *f*	Ausgang
salva-vidas *m/f*	Rettungshelfer
sapatilhas *f* (de corrida)	Turnschuhe
saudade *f*	Sehnsucht
saúde *f*	Gesundheit
se calhar	vielleicht
segredo *m*	Geheimnis
seguir-se *irr*	folgen
ϟ sei lá	was weiß ich
sem dúvida	zweifellos
sem forças	kraftlos
semáforo *m*	Ampel
sentido *m*	Sinn (des Wortes)
sentido *m* proibido	entgegen der Fahrtrichtung
sentido *m* único	Einbahnstraße
sequestrado	entführt
sequestrador *m*	Entführer
sequestrar	entführen
sequestro *m*	Entführung
ser *irr* horas	(höchste) Zeit sein
sesta *f*	Mittagsschlaf
silêncio *m*	Schweigen, Stille
sinal *m*	Zeichen
sobremesa *f*	Nachtisch
sobretudo	vor allem
sobreviver	überleben
sobrinho *m*	Neffe
sofrer	leiden
sonhar com	träumen von
sorrir	lächeln
sorte *f*	Glück
surfista *m/f*	Surfer(in)
surpresa *f*	Überraschung
suspeitar	*hier*: ahnen
suspeito *m*	Verdächtiger
susto *m*	Schreck
talvez	vielleicht
tanto	so viel
tanto quanto sei	soweit ich weiß

tartaruga *f*	Schildkröte
teleférico *m*	Seilbahn
telefonema *m*	Anruf
temer por	fürchten um
tensão *f*	Anspannung
tentar	versuchen
ter *irr* calma	Ruhe bewahren, sich beherrschen
ter *irr* culpa de	schuld sein an
ter *irr* de	müssen
ter *irr* direito a	das Recht haben auf, eine Chance haben zu
ter *irr* muita pena	leidtun
ter *irr* razão	recht haben
testemunha *f*	Zeuge/Zeugin
tipo *m*	Art
tocar	berühren; klingeln
toda a gente	jeder
tomar	*hier*: trinken
trancado	verriegelt
transtornado	*hier*: verwirrt, verstört
tratar-se de	sich handeln um
trocar	tauschen
trovoada *f*	Gewitter
um bocadinho	ein kleines bisschen
único	einzig
urgente	dringend
valer *irr* a pena	die Mühe wert sein, sich lohnen
vergonhoso	beschämend
vestígios *m pl* de luta	Kampfspuren
vestir *irr*	anziehen
vidro *m*	Fenster
vinha *f*	Weinberg
virar	abbiegen
visivelmente	sichtlich
vitória *f*	Sieg
viu *PPS von* ver *irr*	hat gesehen
ϟ viva!	hallo (unter Freunden)
vizinho *m*	Nachbar
voluntário *m*	Freiwilliger

Tabela de exercícios

Sequestro em Belém

Teste final